JN048483

食べきりサイズの
英国菓子と
幸せスコーン

英国菓子研究家
砂古玉緒

KADOKAWA

はじめに

英国菓子というと大きな型や天板で焼くトレイベイクが主流です。
たっぷり作って、作り置きできる。
大家族でも心ゆくまで食べられる。
そんな英国スタイルがそのまま日本に持ち込まれていましたが、
いまの私たちのライフスタイルとは少し違うのかもしれません。

そこで英国菓子の魅力そのままに、小さなサイズや少人数分でもおいしく作れる！
ということをお伝えしたくて、この本に取り組みました。
ホールケーキは12㎝型（4号サイズ）で、
スコーンも、田舎のスコーンは6㎝、ロンドンのスコーンは5㎝と小ぶりに作ります。
またサイズだけではなく、1人、2人といった少人数で食べることを意識してレシピを作りました。

この食べきりサイズの菓子は、小麦粉もバターも砂糖もほどよい量。
思い立ったときにキッチンにある材料ですぐに作れます。
焼き時間も短いので、気軽にお菓子作りができるのもいいところ。

また、4号サイズのケーキ型や
対応するケーキ箱を100円ショップでも扱っているため、
型も包装アイテムも手に入れやすくなっています。

英国菓子は家庭から生まれたものが多いから、手順はいたってシンプル。
細かい温度管理や複雑な組み立て、特別な道具や型も必要ありません。

英国が好き、英国菓子が好き、贈ることが好き！
そんなあなたのそばに、この本をおいてもらえたら幸いです。

砂古玉緒

Contents

5　　はじめに

8　　よく使う材料

9　　よく使う道具

10　*Column*│英国のお茶の時間の事実 Tea Time

Chapter-1
食べきりサイズの英国菓子

12cm型（4号）で焼くケーキ

14　　ヴィクトリアサンドイッチケーキ

16　　クイーンエリザベスケーキ

18　　ブリティッシュ・キャロットケーキ

20　　コーヒー＆ウォルナッツケーキ
　　　マスカルポーネのコーヒークリーム

22　　ラズベリーアーモンドケーキ

24　　ジンジャーケーキ

26　　チョコレートファッジウィスキーケーキ

28　　伝統のフルーツケーキ

30　　ベイクドマーマレードケーキ

32　　バターチーズケーキ

火を使わないお菓子

34　　チョコレート・ティフィン

36　　ゼリートライフル

フライパンで作るお菓子

38　　パンケーキ

40　　クランペット

42　　アイリッシュ・ポテトケーキ

サンドイッチさえあれば

44　　コロネーションチキンサンドイッチ

46　　きゅうりのサンドイッチ

保存のきくお菓子

48　　ラベンダーのショートブレッド

50　　デーツとシナモンのショートブレッド

52　　ジンジャーブレッド

54　　ジャムサンドイッチビスケット

55　　*Column*│英国のアフタヌーンティー事情

56　　ミックススパイスビスケット

【本書で紹介するレシピの約束ごと】

＊大さじ1＝15㎖、小さじ1＝5㎖

＊卵はMサイズ（正味約50g）を使用。g表示の時は全卵を溶いてから量ります。

＊オーブンはガスオーブンを使用しています。電気オーブン使用時は、レシピに表示した温度よりも10℃高くしてください。焼成温度は、機種やガスか電気かにより違ってきます。レシピに表示している温度は、目安としてください。

Chapter 2
英国の幸せスコーン

基本のスコーンは「田舎」と「ロンドン」

60　基本の田舎のスコーン

62　キャロットスコーン

63　チーズのスコーン

64　レモンスコーン

65　ファーマーズスコーン

66　やわらかデーツのスコーン

67　デーツとバナナのスコーン

68　基本のロンドンのスコーン

70　クロテッドクリームのスコーン

71　クランベリースコーン

72　くるみとアーモンドのスコーン

73　コジェットとミントのスコーン

74　りんごとレーズンのスコーン

75　アールグレイのスコーン

番外編 スペシャルなスコーン

76　ダブルチョコレートスコーン

78　基本のドロップスコーン

80　バナナ＆チョコスコーン

81　ブルーベリーとアーモンドスコーン

82　米粉のスコーン

84　全粒粉のスコーン

86　ゴールデンシロップのスコーン

88　マーマイトスコーン

90　*Column* | 英国食器バーレイの魅力 Burleigh

Chapter 3
英国暮らしと四季のお菓子

92　英国暮らし　春 Spring

「春の風物詩・パンケーキレース」
「暗室栽培で育つルバーブ」

94　ルバーブのジャムとスコーン

96　英国暮らし　夏 Summer

「夏の風物詩・ラベンダーファーム」
「夏の飲みもの・ピムス」
「運動会とラッフル」

98　英国の夏の飲みもの　ピムス
サマーフルーツジェリー

100　英国暮らし　秋 Autumn

「英国のりんご」
「秋の風物詩・収穫祭」
「お店には売っていない家庭菓子」
「英国の恩師で友人でご近所のピーターさん」

102　レモンバタフライケーキ

104　英国暮らし　冬 Winter

「もみの木」
「冬の風物詩・クリスマスマーケット」
「クリスマスの七面鳥」
「モルドワイン」
「ミンスミート」

106　クイックミンスミート
クリスマスミンスミートのスコーン

108　あとがき

よく使う材料

本書のお菓子は、少ない材料で作れるものばかりです。
また日本で手に入りやすい食材で、本場の味を再現できるよう工夫しています。代用可能な食材もご紹介。

薄力粉 / 強力粉 / グラニュー糖 / オーツ麦 / バター（食塩不使用）/ ベーキングパウダー / 粉糖

◆ 粉

英国の家庭では、ケーキやスコーンを作る際、「セルフ・レイジング・フラワー」という、すでにベーキングパウダーが添加されているものがよく使われています。本書では、薄力粉にベーキングパウダーを加え、同じように仕上がる配合にしています。強力粉は「ロンドンのスコーン」に使うことで、側面が腹割れのないなめらかな仕上がりに。

◆ 砂糖

英国では、キャスターシュガーと呼ばれる粒子が細かいものが主流で、日本では、細目グラニュー糖がこれにあたります。ただし本書では、手に入れやすい一般的なグラニュー糖を使用しています。

◆ ベーキングパウダー

アルミニウムフリーのものを使います。苦味が残らず、お菓子の味を左右しません。

◆ バター（食塩不使用）

日本の無塩バターはどの商品も安定しておいしく、メーカーは問わずお好みの、手に入りやすいものを使ってください。

◆ オーツ麦

オートミールとして売っています。写真のように粒が大きくて薄べったく、大きさもそろっているものを使うと、食感がよくなります。

その他よく使われるもの

◆ ゴールデンシロップ

英国では料理やお菓子に欠かせません。輸入食材店やネット通販で購入できます。
（代用）はちみつでも可。ただしゴールデンシロップの原材料はさとうきびで、はちみつは花の蜜という違いがあります。

◆ マスタードパウダー

王室御用達のコールマンのマスタードを使用。練りタイプと粉タイプがあり、英国の料理や菓子に欠かせません。今回は粉を使用。
（代用）粉辛子でも可。

◆ ミックススパイス

英国のミックススパイスは、料理や菓子によく使われる調味料です。日本では手に入りにくいので各スパイスを合わせて作ります。

コリアンダーパウダー大さじ2、シナモンパウダー大さじ1、ナツメグパウダー小さじ1、ジンジャーパウダー小さじ1/2、クローブパウダー小さじ1/2、メースパウダー小さじ1/2。以上をボウルに入れてよく混ぜ合わせ保存瓶に入れます。

よく使う道具

本書では、特別な道具は使いません。
ケーキ型は直径12㎝（4号）、スコーンは6㎝と5㎝の抜き型を使っています。

◆こし器

生地にだまができないよう、また焼きムラができないように必ず粉類はふるいます。このひと手間がお菓子をおいしく仕上げてくれます。

◆ケーキ型（直径12㎝）

ホールケーキを焼くための直径12㎝（4号）の丸型。底取れタイプは簡単に型からはずせるのでおすすめです。紙製の型でもOKです。

◆抜き型

「田舎のスコーン」には直径6㎝のものを、「ロンドンのスコーン」には直径5㎝のものを使います。このサイズなら短時間でも中まで火が通り、立ち上がりも安定。

◆カード

ボウルの中でバターを細かく切るように混ぜるときに使います。

◆網（ケーキクーラー）

小さなビスケットもすり抜けないよう、網の目が細かいものがよい。

◆めん棒

生地をのばすための道具。重くて、ある程度太さのある方がのばしやすいのでおすすめです。洗った後はしっかり乾燥させて。

◆木べら

固いバターをクリーム状にする作業には、木べらが最適です。英国のほとんどの家庭では、写真のような木のスプーンで作ります。

スコーンの日持ちと保存について

（本書の全てのスコーンに共通）

・食べるときはアルミ箔で包み、オーブントースターで約3分温めると焼きたての味が復活。

・保存容器に入れて室温で3日間。

・冷凍保存する場合は、粗熱がとれたらすぐに、ひとつずつラップで包み、保存袋に入れる。食べるときは室温で解凍し、上記同様オーブントースターで温めるとおいしい。

【大事な場所には必ずマイマグ】

英国では、紅茶はティーバッグで淹れてマグカップで飲むのがポピュラーなスタイルです。そして自分専用のマイマグの存在は欠かせません。職場にもマイマグを置いておきます。お茶を飲みたい時は「お茶飲むけど、ほかに飲みたい人いる？」と聞いて、手をあげた人たちのために淹れてあげます。お茶を淹れる方も淹れてもらう方も性別、年齢、役職を問いません。もちろん全員、皆のマグを覚えています。

我が家の娘たちは中高一貫の学校に通っていました。上下関係がとても厳しく、後輩は先輩を優先します。たとえば食堂で並んでいても最上級生が来たら、順番を譲ります。そして最上級生にだけ許された特権がありました。学校にマグを置ける特権です。下級生は、自分も早く最上級生になり、休み時間に自分のお気に入りのマグでお茶を飲みたいと思うのです。このように、英国人にとってマグはとても大切な存在。プレゼントの品物としてもよく選ばれます。

ロイヤルベビーの誕生の記念に発売されたマグ。左はシャーロット王女、右はジョージ王子誕生時のもの。右の両手ハンドルマグは珍しい。

【「ミルクが先か紅茶が先か」論争】

英国人は飽きもせず、ティーカップに入れるのは「ミルクが先か」「紅茶が先か」という論争をします。答えは永遠に出ません。そして私は、この論争が大好きな英国人が大好きです。夫婦で意見が分かれる場合もあります。私の周りを見ての感想ですが、子どもたちは、だいたいお母さんの好みを受け継ぐようです。私の好みは紅茶が先。お茶の濃さによってミルクの量を調節できるからです。日本では、紅茶の温度を下げないために温かいミルクを入れる方もいますが、英国では、冷たいままのミルクを紅茶に入れます。温めたミルクの香りは強すぎて、紅茶の香りを損ねてしまうからです。

温かいミルクを出すことも多い日本では、陶器のものが多い。冷たいミルクを使う英国では、陶器やステンレスのほか、ガラス製のピッチャーを多く見ます。

【クリームファースト？　ジャムファースト？
実はスコーン発祥の地ではバター！】

「スコーンにのせるクロテッドクリームとジャムはどちらを先に？」という論争も英国人は大好き。クロテッドクリームの二大産地、デヴォン地方とコーンウォール地方にちなんで、クリームファーストはデヴォンシャースタイル、ジャムファーストをコーニッシュスタイルといいます。クリームファースト派は、ジャムを先にするとクロテッドクリームをたっぷりのせることができないと言いますし、ジャムファースト派は、クロテッドクリームを先にのせると、クリームがスコーンの熱で溶けてしまい、クリームをしっかり味わえないと主張します。と、ここまでは聞いたことがある方も多いでしょう。意外と知られていないのがバター派。湖水地方より北、およびスコーン発祥の地であるスコットランド在住の友人たちは「スコーンには有塩バターとジャムよ。クロテッドクリームはジャージー牛がいる南部のものね」と言います。ただ、いまはスコットランドでもホテルやティールームなどでは観光客のためにクロテッドクリームをサーブしています。

左はクリームファーストのデヴォンシャースタイル。中央は、ジャムファーストのコーニッシュスタイル。右はバターをつけるスコットランドスタイル。

Chapter 1
食べきりサイズの英国菓子

これまでの英国菓子のレシピは、量が多くて食べきれない。
そんな声に応えて、直径12㎝型（4号サイズ）でできる
小ぶりなホールケーキから
型がなくてもフライパンで作れるパンケーキ、
アフタヌーンティーに欠かせない人気のサンドイッチ、
少々多めに作っても保存がきくショートブレッドなど、
少人数分、おいしく作れるレシピ集です。

Victoria Sandwich Cake
ヴィクトリアサンドイッチケーキ

12㎝型（4号）で焼くケーキ

12㎝といえば、大人の手のひらよりもひとまわり大きい程度。
写真のようにティーカップと比べればサイズ感がわかりやすいと思います。
直径12㎝型（4号）なら、100円ショップでも簡単に手に入り、
材料も焼き時間も少なく、ホールケーキでも思い立ったらすぐに作れます。
対応するケーキ箱も豊富だから、
友人への手土産やプレゼントにしやすいサイズなのもいいところ。
作るのも後片付けも楽な、ワンボウルでできるレシピも紹介します。

Queen Elizabeth Cake

クイーンエリザベスケーキ

Victoria Sandwich Cake

ヴィクトリアサンドイッチケーキ

19世紀の大英帝国に君臨した
ヴィクトリア女王（1819～1901年）の名前を冠した
ケーキ。みっちりとつまった食べごたえのある
スポンジケーキにラズベリージャムをサンドしただけの
ごくシンプルなもの。
女王のお気に入りだったこのケーキは、
夫アルバート公を亡くし10年もの服喪の後、
復帰した祝いの席にも出されました。

✂ 材料 ✂ （直径12cmの丸型1台分）

バター（食塩不使用）… 75g
グラニュー糖 … 80g
卵 … 1と1/2個

A
薄力粉 … 90g
ベーキングパウダー … 小さじ1

牛乳 … 大さじ1と1/2
ラズベリージャム … 80g
粉糖 … 適量（仕上げ用）

✂ 準備 ✂

・ バターを室温でやわらかくする。
・ 卵を室温に戻す。
・ 型の底面と側面にオーブンシートを敷く。
・ オーブンを190℃に予熱する。

食べごろと日持ち

◎ ジャムをサンドしてすぐがおいしい。
◎ 保存容器に入れて冷蔵で約3日間。
◎ 食べるときは、室温に戻す。

✛ 作り方 ✛

1. ボウルにバターを入れて、木べらでクリーム状になるまで混ぜる。

2. **1**のボウルにグラニュー糖を3回に分けて入れ、そのつど木べらで混ぜる。

3. 卵を溶いて、**2**のボウルに5回に分けて入れながら木べらで混ぜる。もし分離しそうになったら、Ⓐの薄力粉から大さじ1を加えて混ぜる。

4. **3**のボウルにⒶを合わせてふるい入れ、木べらで混ぜる。まだ粉けがあるうちに牛乳を加えて、生地にツヤが出るまで混ぜる。

5. 型に**4**を流し込んで、表面を木べらでさっとならし、オーブンの温度を180℃に下げて20分焼く。

6. 中心に竹串をさし、生地がついてこなければ焼きあがり。型のままケーキクーラーにのせ、粗熱が取れたらすぐに型から出してケーキクーラーの上で冷ます。

7. **6**のケーキを横半分に切り、片方にラズベリージャムをぬって、もう1枚のケーキでサンドする。

8. 茶こしで表面に粉糖をふる。

Queen Elizabeth Cake

クイーンエリザベスケーキ

1953年のエリザベス女王の戴冠式のために
作られたといわれる、クラシックなお菓子です。
デーツのやさしい甘さが魅力。

✈ 材料 ✈（直径12cmの丸型1台分）

ドライデーツ … 50g（種を取った正味）

重曹 … 小さじ1/3

熱湯 … 75㎖

バター（食塩不使用）… 40g

グラニュー糖 … 60g

卵 … 1/2個

A
薄力粉 … 70g
ベーキングパウダー … 小さじ1/3

くるみ … 20g

[トッピングクリーム]

B
黒糖 … 40g
バター（食塩不使用）… 20g
生クリーム（乳脂肪分45%）… 40㎖

ココナッツフレーク … 15g

✈ 準備 ✈

- バターを室温でやわらかくする。
- くるみをオーブンシートを敷いた天板に広げて150℃に
  予熱したオーブンで10分焼き、粗く刻む。
- ドライデーツの種を取って1cm角に切る（Point）。
- 卵を室温に戻す。
- 型の底面と側面にオーブンシートを
  敷く。
- オーブンを190℃に予熱する。

食べごろと日持ち

◎ 作りたても、味がなじむ2日目からも
　おいしい。

◎ 保存容器に入れて冷蔵で約3日間。

◎ 食べるときは、室温に戻す。

種は実に切り目を
入れて取り出す。

⚡ 作り方 ⚡

1. ボウルにデーツを入れ重曹をふり入れる。熱湯を加えて静かに混ぜたら冷ます。

2. 別のボウルにバターを入れて、木べらでクリーム状になるまで混ぜる。

3. 2のボウルにグラニュー糖を3回に分けて入れ、そのつど木べらで混ぜる。

4. 卵を溶いて、3のボウルに5回に分けて入れながら木べらで混ぜる。もし分離しそうになったら、Ⓐの薄力粉から大さじ1を加えて混ぜる。

5. 4のボウルに1を汁ごと加えて木べらでさっくり混ぜる。

6. 5のボウルにⒶを合わせてふるい入れ、木べらで混ぜたら、さらにくるみを加え、生地にツヤが出るまで混ぜる。

7. 型に6を流し込んで、表面を木べらでさっとならし、オーブンの温度を180℃に下げて30〜35分焼く。中心に竹串をさし、生地がついてこなければ焼きあがり。型のままケーキクーラーにのせ、粗熱が取れたらすぐに型から出してケーキクーラーの上で冷ます。

8. トッピングクリームを作る。小鍋にⒷを入れて中火で溶かし、生クリームも加えてスプーンで静かに混ぜる。なめらかになったら火からおろし、粗熱がとれるまで冷ます。

9. 7のケーキに8のクリームをかけてココナッツフレークをふりかける。

British Carrot Cake

ブリティッシュ・キャロットケーキ

「ケーキににんじん?」と思われるかもしれませんが、英国では
伝統的に、にんじんは菓子の甘味料として使われています。
今ではクリームで飾られたものも多いですが、今回は昔ながらの、
にんじんが見える焼きっぱなしの姿で。生地にはバターではなく、
にんじんと相性のいいサラダ油を使い、口当たりのやさしい仕上がりに。

✄ 材料 ✄（直径12㎝の丸型1台分）

にんじん（あれば金時にんじん）… 50g

Ⓐ
サラダ油 … 60g
三温糖 … 65g

卵 … 2個

Ⓑ
薄力粉 … 65g
ベーキングパウダー … 小さじ2/3
ミックススパイス … 小さじ2（P8参照）

Ⓒ
オレンジジュース … 小さじ2
くるみ … 50g

✄ 準備 ✄

・卵を室温に戻す。
・くるみをオーブンシートを敷いた天板に広
　げて150℃に予熱したオーブンで10分焼き、
　粗く刻む。
・型の底面と側面にオーブンシートを敷く。
・オーブンを190℃に予熱する。

✄ 作り方 ✄

1. にんじんを粗くすりおろす（Point）。

2. ボウルにⒶを入れ、泡立て器で混ぜる。

3. 卵を溶いて**2**のボウルに3回に分けて入れ、そのつ
ど木べらで混ぜる。

4. **3**のボウルにⒷを合わせてふるい入れ、木べらでさっ
くり混ぜる。

5. **4**のボウルに**1**のにんじんとⒸを加え、木べらでツ
ヤが出るまで混ぜる。

6. 型に**5**を流し込み、オーブンの温度を180℃に下げ
て20分、さらに温度を170℃に下げて10〜15分焼く。

7. 中心に竹串をさし、生地がついてこなければ焼き
あがり。型のままケーキクーラーにのせ、粗熱がと
れたらすぐに型から出してケーキクーラーの上で冷
ます。

食べごろと日持ち

◎ 味がなじむ2日目からがおいしい。
◎ 保存容器に入れて冷蔵で約3日間。
◎ 食べるときは、室温に戻す。

Point

にんじんをよく洗い、
皮ごとスライサーで
すりおろすか3㎝長
さの細切りにする。

Coffee and Walnut Cake
Mascarpone Coffee Cream

コーヒー＆ウォルナッツケーキ
マスカルポーネのコーヒークリーム

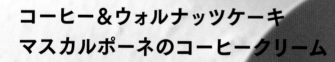

コーヒー味の菓子が少ない英国でも、
ティールームに必ずある人気のメニュー。
店によってクリームに違いがあります。
昔ながらのバタークリームだったり、
ダブルクリームだったりといろいろ。
ここでは私の大好きなマスカルポーネ
を使ったコーヒークリームで作ります。

✈ 材料 ✈ （直径12cmの丸型1台分）

バター（食塩不使用）… 70g

グラニュー糖 … 80g

卵 … 80g

Ⓐ
 薄力粉 … 90g
 ベーキングパウダー … 小さじ1/2

インスタントコーヒー … 小さじ2

熱湯 … 大さじ1

牛乳 … 大さじ2

くるみ（ホール）… 5個（飾り用）

［コーヒークリーム］
 マスカルポーネチーズ … 50g
 グラニュー糖 … 40g
 生クリーム（乳脂肪分40%）… 100mℓ

インスタントコーヒー … 小さじ1

熱湯 … 小さじ2

✈ 準備 ✈

・ バターを室温でやわらかくする。
・ 卵を室温に戻す。
・ くるみをオーブンシートを敷いた天板に広げて150℃に予熱したオーブンで10分焼く。
・ 型の底面と側面にオーブンシートを敷く。
・ オーブンを190℃に予熱する。

✈ 作り方 ✈

1. ボウルにバターを入れて、木べらでクリーム状にする。

2. 1のボウルにグラニュー糖を3回に分けて入れ、そのつど木べらで混ぜる。

3. 卵を溶いて2のボウルに5回に分けて入れながら、木べらで混ぜる。もし分離しそうになったら、Ⓐの薄力粉から大さじ1を加えて混ぜる。

4. 3のボウルにⒶを合わせてふるい入れ、木べらで生地にツヤが出るまで混ぜる。さらに牛乳も加えて混ぜる。

5. インスタントコーヒーを熱湯で溶き、4のボウルに入れて木べらで混ぜる。

6. 型に5を流し込み、オーブンの温度を180℃に下げて35〜40分焼く。

7. 中心に竹串をさし、生地がついてこなければ焼きあがり。型のままケーキクーラーにのせ、粗熱がとれたらすぐに型から出してケーキクーラーの上で冷ます。

8. コーヒークリームを作る。ボウルにマスカルポーネチーズを入れ木べらで混ぜてやわらかくする。グラニュー糖を加えてさらに混ぜる。

9. 別のボウルに生クリームを入れ、泡立て器で六分立てにし、8を加えて泡立て器で混ぜる。熱湯で溶いたインスタントコーヒーも加えて混ぜる（Point）。

10. 7のケーキを横半分に切り、片方に9のクリーム半量をぬって、もう1枚のケーキでサンドする。上面に残りのクリームをのせて広げ、くるみを飾る。

食べごろと日持ち

◎ 作りたても、味がなじむ2日目からもおいしい。
◎ 保存容器に入れて冷蔵で約3日間。
◎ 食べるときは、室温に戻す。

Point

クリームはやわらかすぎず、かたすぎず、もったりとして泡立て器ですくえるくらいがちょうどいい。

Raspberry Almond Cake
ラズベリーアーモンドケーキ

ラズベリーの季節になるとファームに行き、自分で実を摘み取って
よく作っていたお菓子です。英国では熟れた食べごろのベリーで作っていましたが、
冷凍のラズベリーでもおいしく、ワンボウルで手軽に作れます。

❋ 材料 ❋（直径12㎝の丸型1台分）

Ⓐ
| アーモンドパウダー … 50g
| グラニュー糖 … 30g
バター（食塩不使用）… 20g
卵 … 1と1/2個

ラズベリー … 50g
＊フレッシュでも冷凍でもよい。

❋ 準備 ❋

・ バターを2㎝角に切って、冷蔵庫で冷やす。
・ 卵を室温に戻す。
・ 型の底面と側面にオーブンシートを敷く。
・ オーブンを180℃に予熱する。

❋ 作り方 ❋

1. ボウルに**Ⓐ**を合わせてふるい入れる。

2. **1**のボウルにバターを加え、カードで細かく切り混ぜそぼろ状にする。

3. 卵を溶いて、**2**のボウルに5回に分けて入れながら木べらでなめらかになるまで混ぜる。

4. **3**の生地を型に流し入れ、ラズベリーを静かにのせる（Point）。

5. オーブンの温度を170℃に下げて30〜35分焼く。

6. 中心に竹串をさし、生地がついてこなければ焼きあがり。型のままケーキクーラーにのせ、粗熱がとれたらすぐに型から出してケーキクーラーの上で冷ます。

食べごろと日持ち

◎ 焼きたても、味がなじむ2日目からもおいしい。
◎ 保存容器に入れて冷蔵で約3日間。
◎ 食べるときは、室温に戻す。

Point

ラズベリーが軽く沈む程度に、生地に押し込むようにしてのせる。丸ごと沈んでしまうようなら、生地を冷蔵庫で10分休ませてからのせるとよい。

英国のファームでのpick-your-own（ピックユアオウン）。畑に入って好きなだけ自分で摘み取り、量り売りで買って帰ります。熟れた食べごろのベリーは甘くおいしい。土と葉の香りを感じながら収穫できる贅沢。

Ginger Cake
ジンジャーケーキ

英国で最も重要な、必需品の食材のひとつと言われているジンジャーは、
料理や菓子に頻繁に使われます。このケーキには、
フレッシュなジンジャーを皮付きのまますりおろして生地に加えています。
生のすりおろしは味も香りも強く感じますが、
生地に加えて焼き込むと、やさしくまろやかになります。

⚜ 材料 ⚜ （直径12㎝の丸型1台分）

Ⓐ
- グラニュー糖 … 30g
- 卵 … 1と1/2個

Ⓑ
- バター（食塩不使用）… 75g
- ゴールデンシロップ（はちみつで代用可）… 大さじ1

皮付きしょうがのすりおろし … 10g

Ⓒ
- 薄力粉 … 75g
- ベーキングパウダー … 小さじ2/3

牛乳 … 小さじ2

⚜ 準備 ⚜

- バターを室温でやわらかくする。
- 卵を室温に戻す。
- 型の底面と側面にオーブンシートを敷く。
- オーブンを190℃に予熱する。

⚜ 作り方 ⚜

1. ボウルに**Ⓐ**を入れて木べらで混ぜたら湯せんにかける。人肌まで温まったら湯せんからおろし、ハンドミキサーで白っぽくなるまで混ぜる。

2. 別のボウルに**Ⓑ**を入れて湯せんにかけ、木べらで混ぜながら溶かす。

3. **1**のボウルに、**2**を少しずつ加えながらハンドミキサーで混ぜる。

4. **3**のボウルにすりおろしたしょうがを加え、木べらで混ぜる。

5. **4**のボウルに**Ⓒ**を合わせてふるい入れ、木べらでよく混ぜる。牛乳を加えてさらに混ぜる。

6. 型に**5**を流し込んで、表面を木べらでさっとならし、オーブンの温度を180℃に下げて30分焼く。

7. 中心に竹串をさし、生地がついてこなければ焼きあがり。型のままケーキクーラーにのせ、粗熱が取れたらすぐに型から出してケーキクーラーの上で冷ます。

食べごろと日持ち

◎ 焼きたても、味がなじむ2日目からもおいしい。
◎ 保存容器に入れて冷蔵で約3日間。
◎ 食べるときは、室温に戻す。

チョコレートファッジウィスキーケーキ

ファッジとは、キャラメルのような甘いお菓子のこと。
でもこのケーキにファッジは使われていません。
どうやらその甘さから、ファッジと名前がついたようです。
ここではウィスキーを加えて、少し大人っぽい味に。
焼きっぱなしでもおいしいですが、
2種類のチョコレートトッピングも楽しんでください。

Chocolate Fudge Whisky Cake

⊁ 材料 ⊱ （直径12cmの丸型1台分）

バター (食塩不使用) … 30g

クーベルチュールチョコレート (スイート) … 40g

三温糖 … 60g

卵 … 2個

Ⓐ
- 薄力粉 … 10g
- ココア (無糖) … 25g

ウィスキー … 大さじ1

生クリーム (乳脂肪分40%) … 20ml

[チョコレートフロスティング]

Ⓑ
- 粉糖 … 30g
- ココア (無糖) … 10g

Ⓒ
- 生クリーム (乳脂肪分40%) … 30ml
- ウィスキー … 小さじ1

[チョコレートソース]

Ⓓ
- 生クリーム (乳脂肪分40%) … 80ml
- 牛乳 … 60ml
- クーベルチュールチョコレート (スイート) … 100g
- ゴールデンシロップ … 大さじ1
- ウィスキー … 小さじ1

⊁ 準備 ⊱

- バターを室温でやわらかくする。
- 卵を室温に戻す。
- 型の底面と側面にオーブンシートを敷く。
- オーブンを180℃に予熱する。

食べごろと日持ち

◎ 味がなじむ2日目からがおいしい。

◎ 保存容器に入れて冷蔵で約3日間。

◎ 食べるときは、室温に戻す。

⊁ 作り方 ⊱

1. ボウルにバターとチョコレートを入れて、湯せんで溶かす。

2. 別のボウルに三温糖と卵を入れて木べらで混ぜる。

3. **2**に**1**を加えて木べらで混ぜる。

4. **3**のボウルに**Ⓐ**を合わせてふるい入れ、ウィスキーと生クリームも加えて木べらで生地にツヤが出るまで混ぜる。

5. 型に**4**を流し込み、オーブンの温度を170℃に下げて30分焼く。

6. 中心に竹串をさし、生地がついてこなければ焼きあがり。型のままケーキクーラーにのせ、粗熱が取れたらすぐに型から出してケーキクーラーの上で冷ます。

2種類のチョコレートトッピング

チョコレートフロスティング | ボウルに**Ⓑ**をふるい入れ、**Ⓒ**を加えて泡立て器で好みのかたさになるまで混ぜ、ケーキにのせる。かたければ生クリームを少量 (分量外) 加えて調整する (Point1)。

チョコレートソース | 小鍋に**Ⓓ**を入れて弱火にかけ、木べらで混ぜながら溶かし、ケーキに回しかける (Point2)。

Point1
英国のティールームでは、このチョコレートフロスティングをのせてウィンドウに飾られています。

Point2
英国のパブでは、チョコレートソースをかけ、皿盛りでサーブされます。

伝統のフルーツケーキ

ドライフルーツを贅沢に使ったフルーツケーキは、
クリスマスや結婚式にも登場する英国の伝統のお菓子です。
昔ながらの配合は、砂糖とお酒をたっぷりと使い、
どっしりとした食べごたえで長期間日持ちしました。
いまでは、卵や牛乳もたっぷり使った軽い食感のものが好まれています。
少しずつカットして紅茶と楽しんでください。

Traditional Fruit Cake

✣ 材料 ✣ （直径12cmの丸型1台分）

Ⓐ
- レーズン … 70g
- カランツ … 20g
- ドライデーツ（種を取った正味）… 10g
- ドライアプリコット（1cm角に切る）… 10g
- オレンジピール（刻み）… 10g
- ラム酒 … 大さじ1と1/2

Ⓑ
- バター（食塩不使用）… 40g
- ゴールデンシロップ … 大さじ1/2
- 三温糖 … 40g

Ⓒ
- 卵 … 1個
- 牛乳 … 大さじ1

Ⓓ
- 薄力粉 … 40g
- アーモンドパウダー … 40g
- ミックススパイス … 小さじ1（P8参照）
- 重曹 … 小さじ1/4

ドレンチェリー（赤・緑・黄）… 各1個（半分に切る）
ラム酒 … 大さじ2（仕上げ用）

[飾り用]

Ⓔ
- ドレンチェリー（赤・緑・黄）
  … 各1個（半分に切る）
- くるみ … 2〜3個
- アーモンド、ドライアプリコット、
  ドライデーツなど … 各2〜3個

アプリコットジャム … 適量（グレイズ用）
＊ナパージュでもよい。

✣ 準備 ✣

- 鍋にⒶを入れて混ぜる（ひと晩おくとよりおいしい）。
- くるみをオーブンシートを敷いた天板に広げて150℃に予熱したオーブンで10分焼く。
- バターを室温でやわらかくする。
- 卵を室温に戻す。
- 型の底面と側面にオーブンシートを敷く。
- オーブンを170℃に予熱する。

✣ 作り方 ✣

1. ドライフルーツをつけた鍋に、Ⓑを加えて木べらで混ぜる。

2. **1**の鍋を中火にかけ、バターが溶けるまで木べらで混ぜる（Point）。火からおろしてボウルに移し、冷ましておく。

3. Ⓒを混ぜ合わせて、**2**のボウルに加えて木べらで混ぜる。

4. **3**のボウルにⒹを合わせてふるい入れ、木べらで混ぜ、さらにドレンチェリーを加えて混ぜる。

5. 型に**4**を流し込み、オーブンの温度を160℃に下げて35〜40分焼く。

6. 焼きあがったらすぐに、ラム酒をはけなどで表面にぬる。

7. **6**のケーキの中心に竹串をさし、生地がついてこなければ焼きあがり。型のままケーキクーラーにのせ、粗熱が取れたらすぐに型から出してケーキクーラーの上で冷ます。アプリコットジャムをはけなどで表面にぬる。飾り用のⒺをのせ、さらにジャムをぬる。

食べごろと日持ち

◎ 味がなじむ2日目からがおいしい。
◎ 保存容器に入れて冷蔵で約10日間。
◎ 食べるときは、室温に戻す。

Point

弱火でコトコト煮ると水分が蒸発して生地がかたくなってしまうので、必ず中火で。液体が残る程度が目安。

Baked Marmalade Cake

ベイクドマーマレードケーキ

18世紀半ば、暴風雨に遭ったスペイン船がスコットランドのダンディ港に寄港し、
売りものにならなくなった積み荷のオレンジを、無駄にしてはもったいないと
ジャムにしたのがマーマレードの始まりといわれています。
英国では国民食ともいわれ、1月に1年分まとめて作る家庭も多いです。

✢ 材料 ✢ （直径12cmの丸型1台分）

バター（食塩不使用）… 50g
グラニュー糖 … 50g
卵 … 1個

Ⓐ
- 薄力粉 … 70g
- ベーキングパウダー … 小さじ1/2

Ⓑ
- 牛乳 … 大さじ1
- マーマレード … 80g

オレンジの甘煮 … 5枚（飾り用・下記参照）
＊市販品でもよい。

✢ 準備 ✢

- バターを室温でやわらかくする。
- 卵を室温に戻す。
- 型の底面と側面にオーブンシートを敷く。
- オーブンを190℃に予熱する。

食べごろと日持ち

◎ 作りたても、味がなじむ2日目からもおいしい。
◎ 保存容器に入れて冷蔵で約3日間。
◎ 食べるときは、室温に戻す。

✢ 作り方 ✢

1. ボウルにバターを入れて、木べらでクリーム状になるまで混ぜる。

2. **1**のボウルにグラニュー糖を2回に分けて入れ、そのつど木べらで混ぜる。

3. 卵を溶いて、**2**のボウルに3回に分けて入れながら木べらで混ぜる。もし分離しそうになったら、**Ⓐ**の薄力粉から大さじ1を加えて混ぜる。

4. **3**のボウルに**Ⓐ**を合わせてふるい入れ、木べらでさっくりと混ぜる。

5. **4**のボウルに**Ⓑ**を加えて木べらで生地にツヤが出るまで混ぜる。

6. 型に**5**を流し込んで、表面を木べらでさっとならし、オーブンの温度を180℃に下げて30〜35分焼く。

7. 中心に竹串をさし、生地がついてこなければ焼きあがり。型のままケーキクーラーにのせ、粗熱が取れたらすぐに型から出してケーキクーラーの上で冷ます。オレンジの甘煮を飾る。

オレンジの甘煮

✢ 材料 ✢

オレンジ … 1個
水 … 200㎖
グラニュー糖 … 200g

✢ 作り方 ✢

1. 鍋にオレンジを丸ごと入れ、水（分量外）をひたひたに注いで火にかけ、沸騰したら弱火にしてさらに1分加熱。粗熱がとれたらオレンジを取り出して湯を捨てる。

2. 鍋にオレンジを戻し、水（分量外）をひたひたになるまで入れて中火にかけ、沸騰したら弱火にしてさらに1分加熱して湯を捨てる。これを3回繰り返す。

3. **2**のオレンジを5㎜の輪切りにし、鍋に入れ、水200㎖とグラニュー糖を加える（オレンジがかぶる程度にならなかったら、水を少し加えてひたひたにする）。

4. **3**を弱火で30〜40分煮る。途中水分が少なくなってきたら水を少し加える。

Butter Cheese Cake

バターチーズケーキ

ベイクしたものからスフレやレアまで、チーズケーキの種類が豊富な日本。
英国では、アメリカのカフェチェーン店の影響でベイクドチーズケーキが一時流行しましたが、
一番親しまれているのは昔ながらのバターチーズケーキ。
土台となる敷き込みの生地も必要なく、ワンボウルで作れます。

☆ 材料 ☆ （直径12cmの丸型1台分）

バター（食塩不使用）… 35g
グラニュー糖 … 35g
クリームチーズ … 55g
卵 … 1個
レーズン … 20g
ラム酒 … 小さじ1

Ⓐ
: レモン（国産）の皮のすりおろし … 1/2個分
: レモン果汁 … 小さじ1

Ⓑ
: 薄力粉 … 60g
: コーンスターチ … 大さじ1
: ベーキングパウダー … 小さじ1/2

アーモンドスライス … 10g
粉糖 … 適量

☆ 準備 ☆

- バターとクリームチーズを室温でやわらかくする。
- レーズンにラム酒をふる。
- 卵を室温に戻す。
- 型の底面と側面にオーブンシートを敷く。
- オーブンを180℃に予熱する。

☆ 作り方 ☆

1. ボウルにバターを入れて、木べらでクリーム状になるまで混ぜる。

2. 1のボウルにグラニュー糖を3回に分けて加え、そのつど木べらで混ぜる。

3. 2のボウルにクリームチーズを加えて木べらで混ぜる。

4. 卵を溶いて、3のボウルに卵の半量を加えて木べらで混ぜる。

5. 4のボウルに、ラム酒をふったレーズンとⒶを加えて木べらで混ぜる。

6. 5のボウルにⒷを合わせてふるい入れ、残りの卵を加えて木べらで生地にツヤが出るまで混ぜる。

7. 6の生地を型に流し入れ、表面にアーモンドスライスをのせて、オーブンの温度を170℃に下げて30～40分焼く。

8. 中心に竹串をさし、生地がついてこなければ焼きあがり。型のままケーキクーラーにのせ、粗熱が取れたらすぐに型から出してケーキクーラーの上で冷ます。茶こしで表面に粉糖を軽くふる。

食べごろと日持ち

◎ 味がなじむ2日目からがおいしい。
◎ 保存容器に入れて冷蔵で約3日間。
◎ 食べるときは、室温に戻す。

火を使わないお菓子

暑くて火を使いたくない日にもうれしい、市販品を利用して気軽にできる英国菓子を2種紹介します。

チョコレート・ティフィン

焼かなくていい、冷蔵庫で冷やし固めるだけの簡単なお菓子。
チョコレートビスケットケーキとも言われます。エリザベス女王のお気に入りで、
ウィリアム皇太子のロイヤルウエディングでも振る舞われたと言われています。

⊁ 材料 ⊱ （直径12㎝の丸型1台分）

A
クーベルチュールチョコレート（スイート）
　　…150 g
バター（食塩不使用）…60 g
ゴールデンシロップ（はちみつで代用可）… 大さじ1
ココア（無糖）… 大さじ1

B
ビスケット（市販品）… 30 g
＊森永製菓の「マリー」など手に入りやすいものでおいしくできます。英国ではマクビティの「リッチティービスケット」を使用。
レーズン … 10g
アーモンド … 20g

⊁ 準備 ⊱

・ ビスケットを手で粗く砕く（Point）。
・ アーモンドを包丁で粗く砕く。
・ 型の底面と側面にオーブンシートを敷く。

⊁ 作り方 ⊱

1. **A**を鍋に入れ、中火にかけて溶かす。
2. ボウルに**B**を入れて混ぜる。
3. **2**に**1**を加え、木べらで混ぜたら、型に流し入れる。
4. 冷蔵庫で30分冷やす。一度取り出して食べやすい大きさに切る（少しやわらかいうちの方が切りやすい）。好みでさらに冷やし固めてもよい。

王室は庶民的なお菓子がお好き？

ウィリアム皇太子が、2011年のキャサリン妃との結婚パーティでGroom's Cake（花婿のケーキ）として選んだというこのケーキは、エリザベス女王のお気に入りでもありました。おそらくウィリアム皇太子にとっては、祖母と幼いときから一緒に食べていた思い入れのあるお菓子なのでしょう。ロイヤルコレクショントラストで公開されているレシピによると、マクビティの「リッチティービスケット」を使っていて思わず親しみを覚えました。
＊ロイヤルコレクショントラストとは、英国王室の美術品のコレクション管理、ギャラリー運営、グッズの販売などを行う団体です。
https://www.rct.uk/

日持ち

◎ 保存容器に入れて冷蔵で約7日間。

Point

英国王室御用達の老舗ビスケットブランド、マクビティの「リッチティービスケット」。英国のどのスーパーでも売っています。

ビスケットは大小交じった大きさに砕くとリズミカルな食感が生まれて楽しい。

Chocolate Tiffin

Jelly Trifle

ゼリートライフル

トライフルは「あり合わせ」という意味で、その名の通り、
家にあるもので気軽に作るコールドプディングです。
ここでは、大人っぽく赤ワインのゼリーにカスタードとホイップクリーム、
季節のフルーツを重ねて作ります。
大きな器に作って取り分けるのも、小さな器で銘々楽しむのも、お好みで。

⊹ 材料 ⊹ （約2〜3人分）

[ゼリー]
水 … 50㎖
グラニュー糖 … 10g
粉ゼラチン … 8g（ふやかし不要のもの）
赤ワイン … 75㎖

[カスタードクリーム] ＊市販品でもOK。

　卵黄 … 1と1/2個
　グラニュー糖 … 30g
　薄力粉 … 15g
　牛乳 … 200㎖
　バニラオイル … 4〜5滴

[ホイップクリーム]

　生クリーム（乳脂肪分40%以上）… 100㎖
　グラニュー糖 … 8g
　キルシュ … 小さじ1/2

[シロップ]

　オレンジジュース … 25㎖
　キルシュ … 小さじ1/2

スポンジケーキ（市販品。カステラやパウンドケーキ
　　でもよい）… 適量
ラズベリー、ブルーベリー、いちご、オレンジ
　　など季節のフルーツ … 適量
ミントの葉 … 適量

⊹ 作り方 ⊹

1. ゼリーを作る。鍋に水を入れて中火にかけ、沸騰したら火を止めグラニュー糖を加えて溶かす。ゼラチンを加えて軽く混ぜたら、さらに赤ワインを加えて混ぜる。粗熱がとれたら、器に流し入れて冷蔵庫で冷やす。

2. カスタードクリームを作る。ボウルに**Ⓐ**を入れて泡立て器で白っぽくなるまですり混ぜる。さらに薄力粉を加えてさっくり混ぜる。

3. 鍋に牛乳を入れ沸騰直前まで温め、火を止める。

4. **2**のボウルに、**3**の牛乳を少しずつ加えながら木べらで混ぜる。鍋に戻して中火にかけ、ふつふつしてきたらさらに混ぜ続け、もったりとした状態になったら火を止める。バニラオイルを加え、ひと混ぜして火を止める。

5. **4**をバットに広げ、氷を入れたバットに重ねて冷ましたら冷蔵庫で冷やす。

6. ホイップクリームを作る。ボウルに**Ⓑ**を入れて泡立て器で泡立てる。

7. **1**の器に**5**のカスタードクリームをのせ、適当な大きさに切ったスポンジケーキを重ね、**Ⓒ**を混ぜ合わせてはけなどでぬり、食べやすい大きさに切ったフルーツをのせ、**6**のホイップクリームを重ねる。器の深さに合わせてこれを繰り返す。表面にフルーツとミントの葉を飾る。

食べごろと日持ち

◎ 作りたてがおいしい。
◎ 器にラップをかけて冷蔵で約1日。

フライパンで作るお菓子

フライパンさえあれば作れる英国の味をご紹介。休日のブランチにぴったりです。

Pancakes
パンケーキ

英国のパンケーキは、日本でいうクレープ状のもの。
薄く焼いたものをくるくる巻き、レモンとグラニュー糖でいただきます。

❖ 材料 ❖ （4枚分）

卵 … 1個

　牛乳 … 150mℓ
　バニラオイル … 2～3滴
　グラニュー糖 … 大さじ1/2
薄力粉 … 50g
バター（食塩不使用）… 10g
グラニュー糖 … 適量
レモン果汁 … 適量
サラダ油 … 適量

❖ 準備 ❖

・ バターを耐熱容器に入れラップはせず、
　電子レンジ（600W）で10秒加熱して
　溶かす。

・ 卵を室温に戻す。

❖ 作り方 ❖

1. ボウルに卵を割り入れ、Ⓐを加えて泡立て器で混ぜる。

2. さらに薄力粉をふるい入れて泡立て器で混ぜ、溶かしたバターも加え混ぜる。

3. **2**をこし器でこして室温で30分休ませる（こすと生地に穴があきにくい）。

4. 中火で熱したフライパンにサラダ油を小さじ1ひき、**3**の生地を1/4量ずつ流し入れて（Point）約1分、焼き色がつくまで焼く。裏に返して1分焼く。

5. くるくる巻いて器に盛り、グラニュー糖をふり、レモン果汁を搾っていただく。

Point

パンケーキ生地
は、さらさらで
OK！

Crumpets
クランペット

イーストで発酵させて作るため、表面に穴があいているのが特徴的なクランペット。
スーパーのパン売り場には必ずあり、朝食やティータイムにはおなじみです。
トースターで両面を軽く焼き、必ず穴があいた方を上にするのが英国の食べ方です。
バターをぬって、ゴールデンシロップをたっぷりかけていただきます。

⚜ 材料 ⚜

（直径8cmのクランペットリング、またはセルクル4個分）

牛乳 … 100ml

Ⓐ
グラニュー糖 … 小さじ1
ドライイースト … 小さじ2

Ⓑ
薄力粉 … 50g
強力粉 … 50g
塩 … 小さじ1/4

Ⓒ
ベーキングパウダー … 小さじ2
重曹 … 小さじ1/4

サラダ油 … 適量
バターとゴールデンシロップ … 適量

⚜ 作り方 ⚜

1. 牛乳を鍋で人肌程度に温めたらボウルに**Ⓐ**とともに入れ、ひと混ぜして15分おく。

2. 別のボウルに**Ⓑ**を合わせてふるい入れ、さらに**1**と**Ⓒ**を加え、木べらで混ぜる。ラップをして30〜40℃のところに1時間置く。

3. **2**のふくらんだ生地に水大さじ3（分量外）を加えて木べらで混ぜる。

4. 弱火で熱したフライパンに、サラダ油を薄くひき、内側にサラダ油をぬったリングを置いて、**3**の生地を高さ1cmくらいまで流し入れる。約6分、表面に穴があいてきて（Point）、下の面がきつね色になったらリングからはずして裏に返し、さらに約3分、色がつくまで焼く（ふたはしない）。熱いうちにバターをたっぷりぬってゴールデンシロップをかけていただく。

食べごろと日持ち

◎ 作りたてがおいしい。
◎ ラップに包んで保存容器に入れ、冷蔵で約3日間、冷凍で約7日間。
◎ トースターで軽く温めなおすとおいしい。

Point

流し入れる時に生地が固いと穴があきにくいので、少し牛乳を加えて生地をゆるめてもよい。フライパンとリングはサラダ油をぬってしっかり熱しておくと型離れがよい。

Irish Potato Cakes
アイリッシュ・ポテトケーキ

良質のじゃがいもを収穫できるアイルランドの郷土料理です。
マッシュしたじゃがいもに小麦粉をミックスした腹持ちのいいもの。
グリドルという鉄板で作られていました。
朝食や夕食用にスーパーのパン売り場にもあるほどポピュラーです。

✢ 材料 ✢（2人分）

じゃがいも … 大2個（150g）

Ⓐ
┊ 薄力粉 … 20g
┊ 塩 … 小さじ1/4
バター（食塩不使用）… 10g
牛乳 … 大さじ1
サラダ油 … 適量

【好みで添えるもの】
スモークサーモン … 2切れ
サワークリーム … 20ｇ
パセリ … 少々
こしょう … 少々

✢ 準備 ✢

・ バターを耐熱容器に入れラップはせず、
  電子レンジ（600W）で10秒加熱して
  溶かす。

✢ 作り方 ✢

1. 鍋に水を入れ、皮をむいて乱切りにしたじゃがいもを加え、約10分ゆでる。竹串がすっと通ったらボウルに入れてマッシュする。

2. 1のボウルにⒶをふるい入れて、溶かしたバターを加えて木べらで混ぜる。

3. 2に牛乳を加えて混ぜたら、手でひとまとめにする。

4. 3の生地を半分に分けて、厚さ約0.5〜1cmにのばし、長方形に成形する（Point）。

5. フライパンにサラダ油を薄くひいて熱し、弱火で4を片面約3分ずつ焼く。器に盛り、スモークサーモンやサワークリーム、パセリを添えて、こしょうをふる。

食べごろと日持ち

◎ ラップに包み、保存容器に入れて冷蔵で約3日間。
◎ 食べるときは、電子レンジ（600W）で約1分加熱。

Point

マッシュポテトが温かいうちに作業を進めること。冷めていると粉と混ざりにくく、成形しにくい。

サンドイッチさえあれば

英国人の大好きなサンドイッチを2種。 どちらもアフタヌーンティーに欠かせないティーフーズです。

Coronation Chicken Sandwich
コロネーションチキンサンドイッチ

コロネーションとは「戴冠式」の意。エリザベス女王が1953年に
戴冠したときの昼食会に、カレー風味のクリームソースであえた鶏肉料理が出され、
好評を得て「コロネーションチキン」と呼ばれるようになったとか。
これを挟んだサンドイッチが「コロネーションチキンサンドイッチ」。
英国ではサンドイッチ店のラインナップに必ず入っている定番です。

✦ 材料 ✦ （4個分）

鶏むね肉 … 250g

Ⓐ
ﾏﾖﾈｰｽﾞ … 大さじ3
ヨーグルト（無糖）… 大さじ1
ケチャップ … 大さじ1
カレー粉 … 小さじ1/2
ターメリック … ひとつまみ
ミックススパイス … ひとつまみ(P8参照)
塩・こしょう … 各ひとつまみ

Ⓑ
ドライアプリコット … 1個
レーズン … 10g
サンドイッチ用パン … 4枚
バター … 適量
レタス … 4枚
（好みで）パセリ … 適量

✦ 準備 ✦

・ Ⓑを合わせて80℃の湯に10分ほどつけて
　やわらかくし、水けをきっておく。
・ バターを室温でやわらかくする。

✦ 作り方 ✦

1. 鍋に鶏むね肉を入れ、水をひたひたまで注いで中
　火にかける。沸騰したら弱火にして10分ゆでる。
　そのまま鍋の中で冷ましたら、手で食べやすい大
　きさにさく。

2. ボウルにⒶを入れて混ぜたら、1の鶏むね肉とⒷを
　加えてあえる。

3. パンにバターを薄くぬり、レタスをのせ、2をサン
　ドし、半分に切る。好みでパンの耳を落とし、パ
　セリを添える。

Cucumber Sandwich
きゅうりのサンドイッチ

きゅうりは、英国の気候では育たなかったため、温室で栽培されて
いました。つまり、きゅうりは温室を持つことができる富裕層のみが
楽しめる贅沢な食材だったのです。そんな理由から、いつしか
きゅうりをサンドイッチにしてサーブすることは最上級のおもてなしに。
アフタヌーンティーにも、きゅうりのサンドイッチは欠かせません。

❖ 材料 ❖ (4個分)

きゅうり … 1本
白ワインビネガー … 大さじ1
クリームチーズ … 100g
塩 … ひとつまみ
こしょう … 少々
サンドイッチ用パン … 4枚
バター … 10〜20g
(好みで)パセリ … 適量

❖ 準備 ❖

・ バターとクリームチーズを室温でやわら
　かくする。

❖ 作り方 ❖

1. きゅうりをピーラーで縦に薄くスライスし、ペーパー
タオルの上に並べて白ワインビネガーをふる。

2. クリームチーズをボウルに入れ、木べらでクリーム
状にする。塩、こしょうを加えて混ぜる。

3. パン2枚にバターをぬり、残りの2枚に**2**をぬる。

4. バターをぬったパンに**1**のきゅうりを少しずつ重ね
ながら並べ (Point)、クリームチーズをぬったパン
で挟む。

5. きゅうりの断面が見えるよう (横に並べたきゅうり
に対して縦) に包丁を入れて切る。パンの耳ととも
に、パンからはみ出したきゅうりも切り落とす。好
みでパセリを添えてもよい。

Point

きゅうりは5mmず
つずらして、重な
るように並べる。

保存のきくお菓子

ショートブレッドとビスケットは、英国のティータイムには欠かせない国民食ともいえるお菓子。
保存容器で5〜7日と日持ちし、冷凍もできるため、作り置きして少しずつ食べます。

ラベンダーのショートブレッド

ラベンダーの花の時期は6月から7月。食用としても加工されています。
ラベンダーを加えたショートブレッドは、英国の新しい味。
ショートとはさくさくしたもの、という意味。
文字通り、さくさくの食感に仕上げました。

✣ 材料 ✣ （6×2cmのもの12個分）

Ⓐ

- 薄力粉 … 120g
- 米粉 … 25g
- 粉糖 … 50g

バター（食塩不使用）… 100g
ラベンダー（食用ドライハーブ）… 大さじ1
牛乳 … 小さじ3
強力粉 … 適量（打ち粉用）

✣ 準備 ✣

・ バターを2cm角のサイコロ状に切って、冷蔵庫で冷やす。
・ 天板にオーブンシートを敷く。
・ オーブンを180℃に予熱する（オーブンの温度が低いと、生地が広がってしまうので、焼成温度より20℃高めに予熱しておく）。

✣ 作り方 ✣

1. ボウルに**Ⓐ**を合わせてふるい入れる。

2. **1**のボウルにバターを加え、カードで細かく切り混ぜる。そぼろ状になったら、手で大きなバターが残ってないか確認する。

3. **2**のボウルにラベンダーを加え、牛乳を回し入れる。

4. はじめは手で大きく混ぜ、さらに練らないようにひとまとめにする。

5. 強力粉を打ち粉した台に、**4**の生地をのせてめん棒で生地を約12cm四方の正方形にする。生地の側面を作業台に打ち付けながら正方形に形を整えるとよい（P76のPoint1参照）。

6. **5**にラップをふわりとかけて冷蔵庫で約30分冷やしたら、6×2cmの長方形に切る（Point）。

7. **6**の生地を天板に並べ、オーブンの温度を160℃に下げて16〜18分焼く（ラベンダーを見せたいので低温で色がつかないように焼く）。

日持ち

◎ 保存容器に入れて室温で約7日間、
夏は約5日間。冷凍で約2週間。

Point

2cm幅に切ったら、さらに長さを半分に切る。一度冷蔵庫で生地を冷やすと切りやすい。

Lavender Shortbread

Dates and Cinnamon Shortbread

デーツとシナモンのショートブレッド

型を使わないショートブレッド。
手でくるくるっとまるめて形作るのも楽しいもの。
中東のフルーツ、デーツのこっくりとした甘みと
シナモンの異国情緒あふれる香りは好相性です。全粒粉に米粉と
粉糖を混ぜることで、香ばしくさくさくほろっとした焼きあがりに。

✢ 材料 ✢ （直径5cmの丸形13枚分）

ドライデーツ … 30g

 A

| 全粒粉 … 120g
| 米粉 … 25g
| 粉糖 … 50g
| シナモンパウダー … 小さじ1/2
バター（食塩不使用） … 100g
牛乳 … 小さじ3

✢ 準備 ✢

・ バターを2cm角のサイコロ状に切って、
　冷蔵庫で冷やす。
・ 天板にオーブンシートを敷く。
・ オーブンを180℃に予熱する（オーブン
　の温度が低いと、生地が広がってしま
　うので、焼成温度より20℃高めに予熱
　しておく）。

✢ 作り方 ✢

1. デーツの種を取って5mm角に切る。

2. ボウルに**A**を合わせてふるい入れる。

3. **2**のボウルにバターを加え、カードで細かく切り混
ぜる。そぼろ状になったら、手で大きなバターが残っ
てないか確認する。

4. **3**に**1**のデーツを加えてカードで混ぜる。

5. **4**のボウルに牛乳を回し入れる。はじめは手で大き
く混ぜ、さらに練らないようにひとまとめにする。

6. **5**の生地を25gずつまるめ、手のひらで挟んで軽く
押して平たくする。

7. **6**の生地を天板に並べ、オーブンの温度を160℃に
下げて20分焼く。

日持ち

◎ 保存容器に入れて室温で約7日間、夏は約5日間。
　冷凍で約2週間。

Gingerbread
ジンジャーブレッド

湖水地方の伝統菓子です。ブレッドと名がついていますがパンではなく、
天板や型に生地を広げて焼く古い製法のビスケットの仲間。
オーブンを開けるとジンジャーの強い香りがしますが、食べるとやさしい味です。

⚡ 材料 ⚡ （15cm四方の角型1台分）

Ⓐ
- 薄力粉 … 100g
- 三温糖 … 60g
- ジンジャーパウダー … 小さじ1と1/2
- 重曹 … 小さじ1/4

バター（食塩不使用）… 60g

⚡ 準備 ⚡

- バターを1cm角のサイコロ状に切って、冷蔵庫で冷やす。
- 型にオーブンシートを敷く。
- オーブンを180℃に予熱する。

⚡ 作り方 ⚡

1. ボウルに**Ⓐ**を合わせてふるい入れる。

2. **1**のボウルにバターを加え、カードで細かく切り混ぜる。そぼろ状になったら、手で大きなバターが残ってないか確認する。

3. 型に**2**を入れてスプーンの背で軽く押しながら角まで敷き詰める。

4. **3**を天板に置き、オーブンの温度を170℃に下げて15分焼く。

5. オーブンから出したらケーキクーラーにのせ、粗熱がとれたら型から出し、ナイフで切る（Point）。

日持ち

◎ 保存容器に入れて室温で約7日間、夏は約5日間。
　冷凍で約2週間。

Point

冷めると切りにくいので温かいうちに切ること。

Jam Sandwich Biscuits

ジャムサンドイッチビスケット

英国のお菓子屋さんに必ずある華やかなジャムサンドイッチビスケット。
薄力粉にグラニュー糖ではなく
粉糖をミックスすることで食感が軽やかに。
大きなビスケットなのでたった1枚で満足できます。

✺ 材料 ✺ （直径8cmの丸型3組分）

バター（食塩不使用）… 125g

粉糖 … 60g

バニラオイル … 4〜5滴

薄力粉 … 200g

ジャム（いちごやラズベリー）… 小さじ3

強力粉 … 適量（打ち粉用）

粉糖 … 適量（仕上げ用）

✺ 準備 ✺

・ バターを室温でやわらかくする。

・ 天板にオーブンシートを敷く。

・ オーブンを190℃に予熱する。

日持ち

◎ 保存容器に入れて室温で約7日間、夏は約5日間。

❖ 作り方 ❖

1. ボウルにバターを入れて、木べらでクリーム状になるまで混ぜる。

2. 1のボウルに粉糖を2回に分けて入れ、そのつど木べらで混ぜる。

3. 2のボウルにバニラオイルを加えて混ぜ、さらに薄力粉をふるい入れ、手でひとまとめにする。ラップで包み冷蔵庫で30分休ませる。

4. 強力粉を打ち粉した台に、3の生地をのせ、3mmの厚さにめん棒でのばし、打ち粉をつけた直径8cmの丸型で6枚抜く。抜いたうちの3枚は、さらに打ち粉をつけた直径3cmの丸型で中心を抜く。

5. 天板に4を並べ、オーブンの温度を180℃に下げて9分焼く。

6. 冷ましたら、直径8cmの穴のあいていないビスケットの中心にジャムをのせ、穴のあいた1枚をのせて軽く押さえる（*Point*）。

7. 6に粉糖をふる。

Point

ゆるいジャムを山盛りにのせると上のビスケットがすべり落ちてしまうので、かためのジャムを中央にのせて。

Column | 英国のアフタヌーンティー事情

こちらはロンドンのホテルでのアフタヌーンティー。ウィンブルドンや女王の誕生日など行事にちなんだもの、ビーガン向けなどさまざまなものがあります。

アフタヌーンティーと言えば、あの3段のケーキスタンドを思い浮かべる人も多いでしょう。このお皿をのせるタイプのスタンドは、ロンドンのホテルから生まれたものといわれています。

都会で楽しむホテルでのアフタヌーンティーのお菓子は、エクレアやマカロンなどフランス菓子を取り入れたものが多く、華やかで洗練されています。比べて、田舎のティールームでのアフタヌーンティーでは、スコーンやお菓子は、柱と持ち手があるスタンドでサーブされることがほとんど。お菓子はヴィクトリアサンドイッチケーキやキャロットケーキなど伝統の英国菓子がメインです。

今や日本でも英国でもアフタヌーンティーは大人気ですが、2000年ごろにロンドンのホテルのアフタヌーンティーを予約したときは、英国の知人に「アフタヌーンティーなんてオールドレディがすることよ」と驚かれました。当時は、アフタヌーンティーはあまり人気がなかったのです。それが、海外のお客様からのニーズが増え、比例するようにお菓子や紅茶のクオリティも高くなっていくと、英国人の間でも人気が高まりました。

何年か前に英国の友人が、「娘の高校卒業のお祝いに『ザ・リッツ・ロンドン』のアフタヌーンティーを予約したの。楽しみだわ」と言っていたのを聞いて、時代は変わったなと思いました。今ではお祝いや特別な機会に、ドレスアップして楽しむものとなりました。

Mixed Spice Biscuits

ミックススパイスビスケット

6種のスパイスを焼き込んだビスケット。ひと口かじるごとにオリエンタルな香りがふわっと広がり、
濃いめに淹れた紅茶やミルクティーとよく合います。
ひとつのボウルでできるから、思いたったらすぐに作れるのもいいところ。

✣ 材料 ✣ （5cm四方16枚分）

バター（食塩不使用）… 75g

三温糖 … 60g

Ⓐ
- 薄力粉 … 150g
- ミックススパイス（P8参照）… 大さじ1/2

卵黄 … 1個分

強力粉 … 適量（打ち粉用）

✣ 準備 ✣

・ バターを室温でやわらかくする。
・ 天板にオーブンシートを敷く。
・ オーブンを190℃に予熱する。

✣ 作り方 ✣

1. ボウルにバターを入れて、木べらでクリーム状になるまで混ぜる。

2. **1**のボウルに三温糖を2回に分けて入れ、そのつど木べらで混ぜる。

3. **2**のボウルに**Ⓐ**を合わせてふるい入れ、溶いた卵黄を加えて手でひとまとめにし、ラップで包んで冷蔵庫で30分休ませる。

4. 強力粉を打ち粉した台に、**3**の生地をのせ、20×20cmの正方形にめん棒でのばし、5cmの正方形にカットする。

5. 天板に**4**を並べ、オーブンの温度を180℃に下げて10分焼く。

日持ち

◎ 保存容器に入れて室温で約7日間、夏は約5日間。冷凍で約2週間。

Chapter 2
英国の幸せスコーン

英国のお茶の時間に欠かせない「スコーン」。
大きさや食感などその個性はバラエティに富んでいますが、
本章では、大きく2つのタイプに分けました。
大ぶりで素朴なほろほろ食感の「田舎のスコーン」、
そして、小ぶりでしっとりやわらかい食感の「ロンドンのスコーン」。
さらには番外編として、型を使わないスコーンや
最近の流行をふまえた米粉や全粒粉で作る
健康志向のスコーンなど、英国らしいスペシャリテを紹介します。

基本のスコーンは「田舎」と「ロンドン」

大ぶりでほろほろ食感の田舎のスコーン、

小ぶりでしっとりしたロンドンのスコーン。

まず基本の作り方をおさえたら、それぞれの生地に相性のいい

具材を合わせて応用できます。田舎のスコーンはすべて直径6cm。

このサイズなら短時間でも中までしっかり火が通り、立ち上がりも一定です。

ロンドンのスコーンは、直径5cm。強力粉も使ったふんわり食感です。

側面は腹割れがなくなめらか。どちらも

卵1個を使いきれる工夫をしています。

Carrot
キャロット

Farmer's
ファーマーズ

Lemon
レモン

Soft Dates
やわらかデーツ

Cheese
チーズ

Traditional Scones
基本の田舎のスコーン

Dates & Banana
デーツとバナナ

London Scones
基本のロンドンのスコーン

Walnut & Almond
くるみとアーモンド

Courgette & Mint
コジェットとミント

Clotted Cream
クロテッドクリーム

Earl Grey
アールグレイ

Cranberry
クランベリー

Apple & Raisin
りんごとレーズン

59

Traditional Scones

基本の田舎のスコーン

スコットランド生まれの田舎のスコーンは、
労働者たちの暮らしの中から生まれたもの。
英国全土に広がった、この素朴な菓子は、
粉の風味豊かでほろりとした食感が魅力。
田舎のティールームではいまも焼き続けられています。
生地を折りたたんで作ることから生まれる
「狼の口」と言われる側面の腹割れが特徴です。

✳ **材料** ✳ （直径6cmの丸型6個分）

 A

薄力粉 … 225g
ベーキングパウダー … 大さじ1
グラニュー糖 … 大さじ1
バター（食塩不使用）… 50g

B

卵 … 1個
牛乳 … 100㎖
ヨーグルト（無糖）… 20g
強力粉 … 適量（打ち粉用）

✳ **準備** ✳

・ バターを2cm角のサイコロ状に切って、冷蔵庫で冷やす。
・ 天板にオーブンシートを敷く。
・ オーブンを190℃に予熱する。

グレイズについて

グレイズとはお菓子や料理の表面にぬるもの。本書のスコーンでは、昔ながらの牛乳のみ、全卵のみのものから、最近流行のホテルで見かける、卵黄のみ、卵黄と牛乳を混ぜたものまでと4種類のグレイズを使っています。

✛ 作り方 ✛

1. Ⓐを合わせてボウルにふるい入れる。

2. 1のボウルにバターを加え、カードで細かく切り混ぜる。

3. そぼろ状になったら、手で大きなバターが残ってないか確認する。

4. 別のボウルにⒷを入れ、フォークで溶いて混ぜ合わせ、ヨーグルトも加えて混ぜる。

5. 3のボウルに4を一度に加え、手でさっくりと混ぜ、生地をひとまとめにする。

6. 強力粉を打ち粉した台に、5の生地をのせて、手で厚さ2cmに広げる。

7. 6の生地を半分に折る。さらに2cm厚さに広げ、半分に折る。このとき90度回転させる。これを3回繰り返す。

8. 7の生地を手で2.5cmの厚さに広げ、打ち粉をつけた型で抜く（抜くときに型の上を手でふさいで圧をかけないようにする）。

9. 抜いた生地の側面をさわらないように、オーブンシートを敷いた天板に並べる。余った二番生地は、抜いたスコーンの大きさに合わせて手でまとめて一緒に並べる。オーブンの温度を180℃に下げて14〜15分焼く。

キャロットスコーン 田舎

中世の英国では、高価な砂糖は上流階級だけの楽しみでした。
いっぽうで庶民が甘味として利用したにんじんを使ったスコーンは、
英国の田舎の味。

Carrot Scones

⊰ 材料 ⊱ （直径6cmの丸型6個分）

Ⓐ
- 薄力粉 … 225g
- ベーキングパウダー … 大さじ1
- グラニュー糖 … 60g

バター（食塩不使用）… 50g

Ⓑ
- 卵 … 1個
- 牛乳 … 80〜90ml

にんじん … 50g

にんじん … 30g（飾り用）

くるみ … 50g

牛乳 … 大さじ1（グレイズ用）

強力粉 … 適量（打ち粉用）

Point

素朴な田舎のスコーンらしく、グレイズは卵は使わずに牛乳でシンプルに。

⊰ 準備 ⊱

- バターを2cm角のサイコロ状に切って、冷蔵庫で冷やす。
- くるみをオーブンシートを敷いた天板に広げて150℃に予熱したオーブンで10分焼き、手で粗く砕く。
- にんじんを皮ごとスライサーで細長くすりおろすか、3cm長さの細切りにする（P19のPoint参照）。
- 天板にオーブンシートを敷く。
- オーブンを190℃に予熱する。

⊰ 作り方 ⊱

1. Ⓐを合わせてボウルにふるい入れる。

2. **1**のボウルにバターを加え、カードで細かく切り混ぜる。そぼろ状になったら、手で大きなバターが残ってないか確認する。

3. 別のボウルにⒷを入れ、フォークで溶いて混ぜ合わせる。

4. **2**のボウルにすりおろしたにんじん50gを加えて手で軽く混ぜる。**3**を一度に加え手でさっくり混ぜ、さらにくるみを加えて、生地をひとまとめにする。

5. 強力粉を打ち粉した台に、**4**の生地をのせて手で厚さ2cmに広げ、さらに半分に折る。これを3回繰り返す。

6. **5**の生地を手で2.5cmの厚さに広げ、打ち粉をつけた型で抜く。側面をさわらないように天板に並べ、牛乳をはけなどで表面ぬり（Point）、飾り用のにんじんをのせる。

7. オーブンの温度を180℃に下げて14〜15分焼く。

Cheese Scones

チーズのスコーン 田舎

チェダーチーズとイングリッシュマスタードを入れるのが英国の味。
焼きたてに何もつけなくてもおいしく食べられます。

⊱ 材料 ⊰（直径6cmの丸型6個分）

Ⓐ
薄力粉 … 225g
ベーキングパウダー … 大さじ1

バター（食塩不使用）… 50g

Ⓑ
卵 … 1個
牛乳 … 100㎖

ヨーグルト（無糖）… 20g

Ⓒ
塩 … ひとつまみ
ブラックペッパー … 小さじ1/4
マスタードパウダー（あればコールマン）
… 小さじ1/2
＊粉辛子で代用可。

シュレッドチーズ（チェダー）… 50g
シュレッドチーズ（チェダー）… 50g（飾り用）

強力粉 … 適量（打ち粉用）

⊱ 準備 ⊰

・ バターを2cm角のサイコロ状に切って、冷蔵庫で冷やす。
・ 天板にオーブンシートを敷く。
・ オーブンを190℃に予熱する。

⊱ 作り方 ⊰

1. **Ⓐ**を合わせてボウルにふるい入れ、**Ⓒ**を加えて木べらで混ぜる。

2. **1**のボウルにバターを加え、カードで細かく切り混ぜる。そぼろ状になったら、手で大きなバターが残ってないか確認する。

3. **2**のボウルにチーズ50gを加えて、さらに手で混ぜる。

4. 別のボウルに**Ⓑ**を入れ、フォークで溶いて混ぜ合わせ、ヨーグルトも加えて混ぜる。

5. **3**のボウルに**4**を一度に加え、手でさっくり混ぜ、生地をひとまとめにする。

6. 強力粉を打ち粉した台に、**5**の生地をのせて、手で厚さ2cmに広げ、さらに半分に折る。これを3回繰り返す。

7. **6**の生地を手で2.5cmの厚さに広げ、打ち粉をつけた型で抜く。側面をさわらないように天板に並べ、上に飾り用のチーズをのせる。

8. オーブンの温度を180℃に下げて14〜15分焼く。

Lemon Scones

レモンスコーン 田舎

生地にレモンの皮とレモンピール、
果汁も混ぜ込んだ、さわやかで
ちょっとリッチなレモンスコーン。

✦ 材料 ✦ （直径6cmの丸型6個分）

A
- 薄力粉 … 225g
- ベーキングパウダー … 大さじ1
- グラニュー糖 … 大さじ1

バター（食塩不使用）… 50g

B
- 卵 … 1個
- 牛乳 … 70mℓ

C
- ヨーグルト（無糖）… 20g
- 生クリーム（乳脂肪分45%）… 30mℓ

D
- レモンの皮のすりおろし … 1個分
- レモンピール（5mm角に切る）… 40g
- レモン果汁 … 大さじ1

レモンのいちょう切り … 6枚（飾り用）
（好みで）アプリコットジャム … 適量（グレイズ用）

強力粉 … 適量（打ち粉用）

✦ 準備 ✦

- バターを2cm角のサイコロ状に切って、冷蔵庫で冷やす。
- 天板にオーブンシートを敷く。
- オーブンを190℃に予熱する。

✦ 作り方 ✦

1. **A**を合わせてボウルにふるい入れる。

2. **1**のボウルにバターを加え、カードで細かく切り混ぜる。そぼろ状になったら、手で大きなバターが残ってないか確認する。

3. 別のボウルに**B**を入れ、フォークで溶いて混ぜ合わせ、**C**も加えて軽く混ぜる。

4. 別のボウルに**D**を入れて混ぜたら、**3**に一度に加え、木べらで混ぜる。

5. **2**に**4**を加えてカードでさっくりと混ぜ、生地をひとまとめにする。

6. 強力粉を打ち粉した台に、**5**の生地をのせて手で厚さ2cmに広げ、さらに半分に折る。これを3回繰り返す。

7. **6**の生地を手で2.5cmの厚さに広げ、打ち粉をつけた型で抜く。側面をさわらないように天板に並べ、上に飾り用のレモンをのせて軽く押さえる。

8. オーブンの温度を180℃に下げて13〜15分焼く。粗熱が取れたら、好みでアプリコットジャムを、スコーンの上にのせたレモンにぬってつや出しをする。

Farmer's Scones

ファーマーズスコーン 田舎

スコットランドにはオーツ（オートミール）を使った料理や
菓子が多くあります。かみしめるほどに、豊かな風味を感じられる
素朴な味わい。相性の良いレーズンも加えて。

✷ 材料 ✷（直径6cmの丸型6個分）

A
薄力粉 … 225g
ベーキングパウダー … 大さじ1
グラニュー糖 … 大さじ1
塩 … 小さじ1/4
バター（食塩不使用）… 50g

B
オーツ麦（オートミール）… 50g
レーズン … 30g

C
卵 … 1個
牛乳 … 120mℓ
ヨーグルト（無糖）… 20g
強力粉 … 適量（打ち粉用）

✷ 準備 ✷

・ バターを2cm角のサイコロ状に切って、冷蔵庫で冷やす。
・ 天板にオーブンシートを敷く。
・ オーブンを190℃に予熱する。

✷ 作り方 ✷

1. **A**を合わせてボウルにふるい入れる。

2. **1**のボウルにバターを加え、カードで細かく切り混ぜる。そぼろ状になったら、手で大きなバターが残ってないか確認する。**B**を加えてカードでさっくり混ぜる（Point）。

3. 別のボウルに**C**を入れ、フォークで溶いて混ぜ合わせ、ヨーグルトも加えてさらに混ぜる。

4. **2**のボウルに**3**を一度に加え、カードでさっくり混ぜ、生地をひとまとめにする。

5. 強力粉を打ち粉した台に、**4**の生地をのせて手で厚さ2cmに広げ、さらに半分に折る。これを3回繰り返す。

6. **5**の生地を手で2.5cmの厚さに広げ、打ち粉をつけた型で抜く。側面をさわらないように天板に並べる。

7. オーブンの温度を180℃に下げて13〜15分焼く。

Point

オーツ麦は、水分を入れる前に粉類と混ぜること。水分の後に加えると生地としっかり混ざらないので注意。

Soft Dates Scones

やわらかデーツのスコーン 田舎

黒糖のような優しい甘みとコクのあるデーツは、
英国のお菓子に多用されます。重曹を使って、
ペーストのようにやわらかくして混ぜ込みました。

❖ 材料 ❖ （直径6cmの丸型6個分）

Ⓐ
薄力粉 … 225g
ベーキングパウダー … 大さじ1
グラニュー糖 … 大さじ1
バター（食塩不使用）… 50g

Ⓑ
卵 … 1個
牛乳 … 60㎖
ヨーグルト（無糖）… 20g

Ⓒ
ドライデーツ … 40g
（種を取って1cm角に切る。P16のPoint参照）
水 … 40㎖
重曹 … 小さじ1/2

強力粉 … 適量（打ち粉用）

❖ 準備 ❖

- バターを2cm角のサイコロ状に切って、冷蔵庫で冷やす。
- 天板にオーブンシートを敷く。
- オーブンを190℃に予熱する。
- 小鍋にⒸを入れて火にかけ、沸騰直前に火からおろし、重曹を加えて冷ます。フォークの背で押さえてデーツをつぶす。

❖ 作り方 ❖

1. Ⓐを合わせてボウルにふるい入れる。

2. 1のボウルにバターを加え、カードで細かく切り混ぜる。そぼろ状になったら、手で大きなバターが残ってないか確認する。

3. 別のボウルにⒷを入れ、フォークで溶いて混ぜ合わせ、ヨーグルトも加えて、さらに混ぜる。

4. 2のボウルに3を一度に加え、つぶしたデーツも汁ごと加えたら、カードでさっくり混ぜ、生地をひとまとめにする。

5. 強力粉を打ち粉した台に、4の生地をのせて手で厚さ2cmに広げ、さらに半分に折る。これを3回繰り返す。

6. 5の生地を手で2.5cmの厚さに広げ、打ち粉をつけた型で抜く。側面をさわらないように天板に並べる。

7. オーブンの温度を180℃に下げて13〜15分焼く。

Dates & Banana Scones

デーツとバナナのスコーン 田舎

最近の英国では、ドライフルーツとフレッシュなフルーツを組み合わせた
スコーンがトレンドです。デーツがバナナによく合います。

⊁ 材料 ⊁（直径6cmの丸型6個分）

Ⓐ
薄力粉 … 225g
ベーキングパウダー … 大さじ1
グラニュー糖 … 40g

バター（食塩不使用）… 50g

Ⓑ
卵 … 1個
牛乳 … 70ml

ヨーグルト（無糖）… 20g

バナナ … 90g

レモン果汁 … 小さじ1

ドライデーツ … 30g（種を取って1cm角に切る。
　　P16のPoint参照）

強力粉 … 適量（打ち粉用）

⊁ 準備 ⊁

・ バターを2cm角のサイコロ状に切って、冷蔵庫で冷やす。
・ 天板にオーブンシートを敷く。
・ オーブンを190℃に予熱する。

⊁ 作り方 ⊁

1. Ⓐを合わせてボウルにふるい入れる。

2. 1のボウルにバターを加え、カードで細かく切り混ぜる。そぼ
　ろ状になったら、手で大きなバターが残ってないか確認する。

3. 別のボウルにⒷを入れ、フォークで溶いて混ぜ合わせ、ヨー
　グルトも加えて、さらに混ぜる。

4. バナナをフォークで粗くつぶしてレモン果汁をふり、デーツと
　一緒に2のボウルに加えてカードでさっくりと混ぜる。

5. 4のボウルに3を一度に加え、カードでさっくり混ぜ、生地を
　ひとまとめにする。

6. 強力粉を打ち粉した台に、5の生地をのせて手で厚さ2cmに広
　げ、さらに半分に折る。これを3回繰り返す。

7. 6の生地を手で2.5cmの厚さに広げ、打ち粉をつけた型で抜
　く。側面をさわらないように天板に並べ、オーブンの温度を
　180℃に下げて13〜15分焼く。

London Scones

基本のロンドンのスコーン

ロンドンのホテルやティールームで出されるのは、
この小ぶりで丸みがあるタイプのスコーン。
「田舎のスコーン」（P60）は薄力粉だけで作りますが、
こちらは強力粉も加えてこねることで、腹割れのない、
ふっくらとした焼きあがりになります。
表面にはグレイズをぬり、
美しい姿をしているのも特徴です。

✣ 材料 ✣ （直径5cmの丸型7〜8個分）

A
- 強力粉 … 110g
- 薄力粉 … 110g
- ベーキングパウダー … 大さじ1

バター（食塩不使用）… 50g
卵 … 1個
グラニュー糖 … 40g

B
- 牛乳 … 70mℓ
- ヨーグルト（無糖）… 10g

卵黄 … 1個分（グレイズ用）
強力粉 … 適量（打ち粉用）

✣ 準備 ✣

・ バターを2cm角のサイコロ状に切って、室温でやわらか
　くする。
・ 天板にオーブンシートを敷く。
・ オーブンを190℃に予熱する。

⊁ 作り方 ⊁

1. Ⓐを合わせてボウルにふるい入れる。

2. 1のボウルにバターを加え、カードで切るようにしながら、そぼろ状になるまで混ぜる。

3. 別のボウルに卵を入れ、泡立て器で溶きほぐし、さらにグラニュー糖を加えて混ぜる。Ⓑも加えてなめらかになるまで混ぜる。

4. 2のボウルに3を一度に加え、手で粉けがなくなるまで混ぜ、ひとまとめにする。

5. 強力粉を打ち粉した台に、4の生地をのせて軽くこねる。

6. 5の生地をめん棒で厚さ2cmにのばす。生地をラップで包み、冷蔵庫で1時間休ませる。

7. 冷蔵庫から取り出してラップをはずし、打ち粉をつけた型で抜く（抜くときに型の上を手でふさいで圧をかけないようにする）。

8. 抜いた生地の側面をさわらないようにしながら、天板に生地の天地をひっくり返して置く（こうすると台に接していた平らな面が表面になり、グレイズがぬりやすく、仕上がりも美しくなる）。余った二番生地は、抜いたスコーンの大きさに合わせて手でまとめて一緒に並べる。

9. 8の生地の表面に溶いた卵黄をはけなどでぬり（卵黄が側面に流れると生地の立ち上がりが悪くなるので注意）、オーブンの温度を180℃に下げて13〜14分焼く。

Clotted Cream Scones

クロテッドクリームのスコーン ロンドン

バターの代わりにクロテッドクリームを使ったとても贅沢なスコーン。
生地はしっとりとやわらかく、きめ細かく仕上がります。

⊁ 材料 ⊱ (直径5cmの丸型7〜8個分)

Ⓐ

　強力粉 … 110g
　薄力粉 … 110g
　ベーキングパウダー … 大さじ1

クロテッドクリーム … 60g

卵 … 1個

グラニュー糖 … 40g

牛乳 … 70㎖

卵黄 … 1個分 (グレイズ用)

強力粉 … 適量 (打ち粉用)

⊁ 準備 ⊱

・ 天板にオーブンシートを敷く。
・ オーブンを190℃に予熱する。

⊁ 作り方 ⊱

1. **Ⓐ**を合わせてボウルにふるい入れる。

2. **1**のボウルにクロテッドクリームを加え、カードで切るようにしながら、そぼろ状になるまで混ぜる。

3. 別のボウルに卵を入れ、泡立て器で溶きほぐし、さらにグラニュー糖を加えて混ぜる。牛乳も加えてなめらかになるまで混ぜる。

4. **2**のボウルに**3**を一度に加え、手で粉けがなくなるまで混ぜ、ひとまとめにする。

5. 強力粉を打ち粉した台に、**4**の生地をのせて軽くこね、めん棒で厚さ2cmにのばす。生地をラップで包み、冷蔵庫で1時間休ませる。

6. **5**の生地を打ち粉をつけた型で抜き、抜いた生地の側面をさわらないようにしながら、天板に生地の天地をひっくり返して置く。

7. **6**の生地の表面に溶いた卵黄をはけなどでぬり、オーブンの温度を180℃に下げて13〜14分焼く。

クランベリースコーン ロンドン

ヨーグルトでしっとりさせた生地に、
甘酸っぱいドライクランベリーを
たっぷり入れました。

Cranberry Scones

✣ 材料 ✣ （直径5cmの丸型7〜8個分）

A
　強力粉 … 110g
　薄力粉 … 110g
　ベーキングパウダー … 大さじ1
バター（食塩不使用）… 50g
卵 … 1個
グラニュー糖 … 40g
B
　牛乳 … 90ml
　ヨーグルト（無糖）… 20g
ドライクランベリー … 60g
卵黄 … 1個分（グレイズ用）
強力粉 … 適量（打ち粉用）

✣ 準備 ✣

・ バターを2cm角のサイコロ状に切って、室温でやわらかくする。
・ 天板にオーブンシートを敷く。
・ オーブンを190℃に予熱する。

✣ 作り方 ✣

1. **A**を合わせてボウルにふるい入れる。

2. **1**のボウルにバターを加え、カードで切るようにしながら、そぼろ状になるまで混ぜる。さらにドライクランベリーを加えて混ぜる。

3. 別のボウルに卵を入れ、泡立て器で溶きほぐし、さらにグラニュー糖を加えて混ぜる。**B**も加えてなめらかになるまで混ぜる。

4. **2**のボウルに**3**を一度に加え、手で粉けがなくなるまで混ぜ、ひとまとめにする。

5. 強力粉を打ち粉した台に、**4**の生地をのせて軽くこね、めん棒で厚さ2cmにのばす。生地をラップで包み、冷蔵庫で1時間休ませる。

6. **5**の生地を打ち粉をつけた型で抜き、抜いた生地の側面をさわらないようにしながら、天板に生地の天地をひっくり返して置く。

7. **6**の生地の表面に溶いた卵黄をはけなどでぬり、オーブンの温度を180℃に下げて13〜14分焼く。

Walnut &
Almond Scones

くるみとアーモンドのスコーン ロンドン

ローストしたくるみとアーモンドが入った香ばしいスコーン。
ざくざくとした食感がくせになるおいしさです。

✂ 材料 ✂ （直径5cmの丸型10個分）

A
- 強力粉 … 110g
- 薄力粉 … 110g
- ベーキングパウダー … 大さじ1

バター（食塩不使用）… 50g

卵 … 1個

グラニュー糖 … 40g

B
- 牛乳 … 70㎖
- ヨーグルト（無糖）… 10g

くるみ … 30g

アーモンドスライス … 20g

卵黄 … 1個分（グレイズ用）

強力粉 … 適量（打ち粉用）

✂ 準備 ✂

- くるみをオーブンシートを敷いた天板に広げて
  150℃に予熱したオーブンで10分間焼き、手で
  粗く砕く。
- バターを2cm角のサイコロ状に切って、室温で
  やわらかくする。
- 天板にオーブンシートを敷く。
- オーブンを190℃に予熱する。

✂ 作り方 ✂

1. **A**を合わせてボウルにふるい入れる。

2. **1**のボウルにバターを加え、カードで切るようにしな
   がら、そぼろ状になるまで混ぜる。さらに、くるみと
   アーモンドスライスを加えてさっくり混ぜる。

3. 別のボウルに卵を入れ、泡立て器で溶きほぐし、さら
   にグラニュー糖を加えて混ぜる。**B**も加えなめらかに
   なるまで混ぜる。

4. **2**のボウルに**3**を一度に加え、手で粉けがなくなるま
   で混ぜ、ひとまとめにする。

5. 強力粉を打ち粉した台に、**4**の生地をのせて軽くこね、
   めん棒で厚さ2cmにのばす。生地をラップで包み、冷
   蔵庫で1時間休ませる。

6. **5**の生地を打ち粉をつけた型で抜き、抜いた生地の
   側面をさわらないようにしながら、天板に生地の天地
   をひっくり返して置く。

7. **6**の生地の表面に溶いた卵黄をはけなどでぬり、オー
   ブンの温度を180℃に下げて13〜14分焼く。

Courgette & Mint Scones

コジェットとミントのスコーン ロンドン

コジェットとは、ズッキーニのこと。英国では料理だけでなく、チョコレートケーキなどのお菓子にもよく使われます。

材料（直径5cmの丸型7〜8個分）

A
- 強力粉 … 110g
- 薄力粉 … 110g
- ベーキングパウダー … 大さじ1

バター（食塩不使用）… 50g
卵 … 1個
グラニュー糖 … 40g

B
- 牛乳 … 70㎖
- ヨーグルト（無糖）… 10g

ミントの葉 … 10枚（みじん切り）
ズッキーニのすりおろし … 30g（Point参照）
ズッキーニの輪切り … 10枚（厚さ2mm・飾り用）
牛乳 … 大さじ1（グレイズ用）
強力粉 … 適量（打ち粉用）

Point
ズッキーニはスライサーですりおろすか長さ4cmの細切りにする。

準備

- バターを2cm角のサイコロ状に切って、室温でやわらかくする。
- 天板にオーブンシートを敷く。
- オーブンを190℃に予熱する。

作り方

1. Aを合わせてボウルにふるい入れる。
2. 1のボウルにバターを加え、カードで切るようにしながら、そぼろ状になるまで混ぜる。さらにミントを加えカードでさっくり混ぜ、ズッキーニのすりおろしも加えて混ぜる。
3. 別のボウルに卵を入れ、泡立て器で溶きほぐし、さらにグラニュー糖を加えて混ぜる。Bも加えなめらかになるまで混ぜる。
4. 2のボウルに3を一度に加え、手で粉けがなくなるまで混ぜ、ひとまとめにする。
5. 強力粉を打ち粉した台に、4の生地をのせて軽くこね、めん棒で厚さ2cmにのばす。生地をラップで包み、冷蔵庫で1時間休ませる。
6. 5の生地を打ち粉をつけた型で抜き、抜いた生地の側面をさわらないようにしながら、天板に生地の天地をひっくり返して置く。
7. 6の生地の表面に牛乳をはけなどでぬり、ズッキーニの輪切りをのせる。オーブンの温度を180℃に下げて13〜14分焼く。

りんごとレーズンのスコーン ロンドン

甘酸っぱいりんごと甘みの強いレーズンの黄金コンビは
英国でも人気のある定番の組み合わせです。

Apple & Raisin Scones

⅍ 材料 ⅍（直径5cmの花型7〜8個分）

A
強力粉 … 110g
薄力粉 … 110g
ベーキングパウダー … 大さじ1

バター（食塩不使用）… 50g

卵 … 1個

グラニュー糖 … 40g

B
牛乳 … 70㎖
ヨーグルト（無糖）… 10g

りんご … 40g

レーズン … 40g

C
牛乳 … 大さじ1（グレイズ用）
卵黄 … 1個分（グレイズ用）

強力粉 … 適量（打ち粉用）

⅍ 準備 ⅍

・ バターを2cm角のサイコロ状に切って、室温でやわらかくする。
・ りんごを厚さ5mmのいちょう切りにする。
・ 天板にオーブンシートを敷く。
・ オーブンを190℃に予熱する。

⅍ 作り方 ⅍

1. **A**を合わせてボウルにふるい入れる。

2. **1**のボウルにバターを加え、カードで切るようにしながら、そぼろ状になるまで混ぜる。

3. 別のボウルに卵を入れ、泡立て器で溶きほぐし、さらにグラニュー糖を加えて混ぜる。**B**も加えてなめらかになるまで混ぜる。

4. **2**のボウルにりんごとレーズンを加えて混ぜる。**3**を一度に加え、手で粉けがなくなるまで混ぜ、ひとまとめにする。

5. 強力粉を打ち粉した台に、**4**の生地をのせて軽くこね、めん棒で厚さ2cmにのばす。生地をラップで包み、冷蔵庫で1時間休ませる。

6. **5**の生地を打ち粉をつけた型で抜き、抜いた生地の側面をさわらないようにしながら、天板に生地の天地をひっくり返して置く。

7. **C**を混ぜ合わせて、**6**の生地の表面にはけなどでぬり、オーブンの温度を180℃に下げて13〜14分焼く。

Earl Grey Scones

アールグレイのスコーン ロンドン

濃いめに淹れたアールグレイティーと茶葉の両方を焼き込んだ、
香り高いスコーン。薄力粉のみでふんわり焼きあげました。

⊁| 材料 |⊁ （直径5cmの丸型7〜8個分）

Ⓐ
薄力粉 … 220g
ベーキングパウダー … 大さじ1

バター（食塩不使用）… 50g

卵 … 1個

グラニュー糖 … 40g

アールグレイの茶葉 … 小さじ1
＊ティーバッグの葉でよい。

Ⓑ
牛乳 … 60mℓ
濃く淹れたアールグレイティー … 10mℓ
＊冷ましておく
ヨーグルト（無糖）… 10g
（あれば）紅茶リキュール … 小さじ1

Ⓒ
牛乳 … 小さじ1（グレイズ用）
卵黄 … 1個分（グレイズ用）

強力粉 … 適量（打ち粉用）

⊁| 準備 |⊁

・ バターを2cm角のサイコロ状に切って、室温でやわらかくする。
・天板にオーブンシートを敷く。
・オーブンを190℃に予熱する。

⊁| 作り方 |⊁

1. Ⓐを合わせてボウルにふるい入れる。

2. **1**のボウルにバターを加え、カードで切るようにしながら、そ
ぼろ状になるまで混ぜる。さらにアールグレイの茶葉を加えて
混ぜる。

3. 別のボウルに卵を入れ、泡立て器で溶きほぐし、さらにグラ
ニュー糖を加えて混ぜる。Ⓑも加えてなめらかになるまで混ぜる。

4. **2**のボウルに**3**を一度に加え、手で粉けがなくなるまで混ぜ、
ひとまとめにする。強力粉を打ち粉した台に、生地をのせて
軽くこね、めん棒で厚さ2cmにのばす。

5. **4**の生地を打ち粉をつけた型で抜き、抜いた生地の側面をさ
わらないようにしながら、天板に生地の天地をひっくり返して
置く。

6. Ⓒを混ぜ合わせて、**5**の生地の表面にはけなどでぬり、オーブ
ンの温度を180℃に下げて13〜14分焼く。

番外編 スペシャルなスコーン

定番の田舎やロンドンのスコーンとは、ひと味違う個性的なスコーンを紹介します。
型を使わずに作るものから、米粉や全粒粉を使うもの、
英国ならではの調味料・ゴールデンシロップやマーマイトを使ったものまでバラエティ豊かです。

ダブルチョコレートスコーン

アメリカのカフェチェーン出店で、三角形のスコーンは、ロンドンでもすっかりおなじみに。
英国の伝統的なスコーンにはない、コーヒーとよく合うタイプは若者に人気です。
ここでは、加熱して溶けるチョコと溶けないチョコをダブルで使うことで、濃厚な味わいに仕上げます。
型を使わずカットするから、二番生地が出ないのもうれしい。

✄ 材料 ✄ （三角形8個分）

A
- 薄力粉 … 200g
- ベーキングパウダー … 小さじ2
- ココア（無糖）… 30g
- グラニュー糖 … 45g

バター（食塩不使用）… 80g

B
- チョコチップ（溶けないタイプ）… 50g
- クーベルチュールチョコレート（スイート）
  … 30g（刻む）

牛乳 … 120㎖

強力粉 … 適量（打ち粉用）

✄ 作り方 ✄

1. **A**を合わせてボウルにふるい入れる。

2. **1**のボウルにバターを加え、カードで細かく切り混ぜる。そぼろ状になったら、手で大きなバターが残ってないか確認する。さらに**B**を加えてさっくり混ぜる。

3. **2**のボウルに牛乳を加え、手でさっくりと混ぜ、ひとまとめにする。

4. 強力粉を打ち粉した台に、**3**の生地をめん棒で厚さ2㎝にのばし、15㎝四方の正方形にする（Point1）。

5. **4**の生地を三角形にナイフで切る（Point2）。

6. **5**の生地を天板に並べ、オーブンの温度を180℃に下げて14～15分焼く。

✄ 準備 ✄

- バターを2㎝角のサイコロ状に切って、冷蔵庫で冷やす。
- 天板にオーブンシートを敷く。
- オーブンを190℃に予熱する。

Point2

十字に包丁を入れて4等分し、さらに対角線上に包丁を入れて8等分する。

Point1

厚さ2㎝にのばした生地の側面を台に打ち付けながら正方形に形を整える。

Double Chocolate Scones

Plain Drop Scones
基本のドロップスコーン

型のいらない手軽にできるスコーンです。
生地を手でラフにまるめて焼く、昔ながらのシンプルな方法。
ひとつのボウルでできるのもうれしい。
オイルはバターではなく、さらっとしたサラダ油を使うことで
粉の風味がより際立ちます。
さらに、オーツ麦（オートミール）を加えて食感にリズムを出しました。

❧ 材料 ❧ （4個分）

Ⓐ
| 薄力粉 … 100g
| グラニュー糖 … 大さじ1
| ベーキングパウダー … 小さじ1
オーツ麦（オートミール）… 20ｇ
サラダ油 … 35㎖

卵 … 15g
牛乳 … 小さじ1

❧ 準備 ❧

・ 天板にオーブンシートを敷く。
・ オーブンを190℃に予熱する。

❧ 作り方 ❧

1. **Ⓐ** を合わせてボウルにふるい入れる。

2. **1**のボウルにオーツ麦（オートミール）を加えて、さっくり混ぜる。

3. **2**のボウルにサラダ油を加えて木べらで混ぜる。まだ粉けがあるくらいで止める（Point1）。

4. 卵と牛乳を合わせて溶き、**3**のボウルに加え、木べらでさっくり混ぜたら、手でひとまとめにする。

5. **4**の生地を40ｇずつまるめて天板に置いたら、手でところどころ押し込む（Point2）。

6. オーブンの温度を180℃に下げて11〜13分焼く。

Point1

ここで練り上げると、これから加える卵と牛乳が粉に入っていかないので、粉けが残っていてOK。

Point2

きれいにまるめるより、ごつごつした感じがいい。

Banana Chocolate
Drop Scones

バナナ&チョコスコーン ドロップ

「基本のドロップスコーン」（P78）のアレンジレシピです。
バナナは粗くつぶしたほうが、食感に変化が出て楽しい味わいに。
材料を合わせてドロップして焼いたら、熱々のうちに食べたいスコーンです。

✄ 材料 ✄ （4個分）

Ⓐ
薄力粉 … 100g
グラニュー糖 … 大さじ1
ベーキングパウダー … 小さじ1
ココア（無糖）… 大さじ1

Ⓑ
チョコチップ（溶けないタイプ）… 40g
バナナ … 30g
サラダ油 … 40㎖
卵 … 15g
牛乳 … 小さじ1
チョコチップ（溶けないタイプ）… 10g（飾り用）
ココア（無糖）… 適量（飾り用）

✄ 準備 ✄

・ バナナをフォークで粗くつぶす。
・ 天板にオーブンシートを敷く。
・ オーブンを190℃に予熱する。

✄ 作り方 ✄

1. **Ⓐ**を合わせてボウルにふるい入れる。

2. **1**のボウルに**Ⓑ**を加えて、木べらでさっくり混ぜる。

3. **2**のボウルにサラダ油を加えて木べらで混ぜる。まだ粉けがあるくらいで止める。

4. 卵と牛乳を合わせて溶き、**3**のボウルに加え、木べらでさっくり混ぜたら、手でひとまとめにする。

5. **4**の生地を50gずつまるめて天板に置いたら、手でところどころ押し込む。飾り用のチョコチップを表面に散らす。

6. オーブンの温度を180℃に下げて11～13分焼く。冷めたらココアをふる。

Blueberry & Almond Drop Scones

ブルーベリーとアーモンドスコーン ［ドロップ］

ブルーベリーの甘さと酸味、アーモンドの香ばしさがあいまって
何もつけなくてもおいしいスコーンです。
焼きたてを、マグカップにたっぷり淹れたミルクティーと一緒に召し上がれ。

⤞ 材料 ⤝（6個分）

Ⓐ
薄力粉 … 100g
グラニュー糖 … 大さじ1
ベーキングパウダー … 小さじ1

Ⓑ
オーツ麦 … 20g
ブルーベリー … 40g
＊ここでは生を使っていますが冷凍でもOK。
アーモンド … 20g

サラダ油 … 30㎖

卵 … 15g
牛乳 … 10㎖

⤞ 準備 ⤝

- アーモンドを粗く刻む。
- 天板にオーブンシートを敷く。
- オーブンを210℃に予熱する。

⤞ 作り方 ⤝

1. **Ⓐ**を合わせてボウルにふるい入れる。

2. **1**のボウルに**Ⓑ**を加えて、木べらでさっくり混ぜる。

3. **2**のボウルにサラダ油を加えて、木べらで混ぜる。まだ粉けがあるくらいで止める。

4. 卵と牛乳を合わせて溶き、**3**のボウルに加え、木べらでさっくり混ぜたら、手でひとまとめにする。

5. **4**の生地を1個40ｇずつまるめて天板に置いたら、手でところどころ押し込む。

6. オーブンの温度を200℃に下げて5分、さらに温度を180℃に下げて6〜8分焼く。

Rice Flour Scones
米粉のスコーン

Rice（米）は、英国でも古くからプディングに使われていましたが、
粉にしてスコーンに使われることはありませんでした。
今ではグルテンフリーが意識され、パンやビスケットなどの菓子にも
使われています。米粉はグルテンを含まないため、ふくらみは弱く、
高さはあまり出ませんが、ほろほろさっくりの軽い食感に仕上がります。

⊁ 材料 ⊱ （直径5cmの丸型6個分）

A
- 米粉 … 150g
- ベーキングパウダー … 小さじ1
- グラニュー糖 … 大さじ1

バター（食塩不使用）… 50g

B
- 卵 … 1個
- 牛乳 … 25ml

卵 … 適量（グレイズ用）
強力粉 … 適量（打ち粉用）

⊁ 準備 ⊱

- バターを2cm角のサイコロ状に切って、
  冷蔵庫で冷やす。
- 天板にオーブンシートを敷く。
- オーブンを190℃に予熱する。

⊁ 作り方 ⊱

1. **A**を合わせてボウルにふるい入れる。

2. **1**のボウルにバターを加え、カードで細かく切り混ぜる。そぼろ状になったら、手で大きなバターが残ってないか確認する。

3. 別のボウルに**B**を入れ、フォークで溶いて混ぜ合わせる。

4. **2**のボウルに**3**を一度に加え、手で粉けがなくなるまで混ぜ、ひとまとめにする。

5. 強力粉を打ち粉した台に、**4**の生地をのせて軽くこね、めん棒で厚さ2cmにのばす。

6. 卵を溶き、**5**の生地の表面にぬる（Point）。オーブンの温度を180℃に下げて13〜14分焼く。

Point

卵をグレイズすることで、白い生地がツヤツヤと輝き、よりおいしそうに仕上がる。

Whole Wheat Flour Scones
全粒粉のスコーン

小麦の表皮、胚芽、胚乳のすべてを粉にした全粒粉は、
食物繊維や鉄分も多く含む栄養価の高い食材。
色は薄い灰褐色なので仕上がるスコーンも色がつきます。
昔は小麦粉よりも安価という理由から、よく作られてきましたが、
現在では身体にいい、粉そのものを味わえるひと品としても人気です。
卵は入れず、牛乳だけで仕上げます。

✣ 材料 ✣ （直径6cmの丸型6個分）

Ⓐ
薄力粉 … 120g
全粒粉 … 100g
ベーキングパウダー … 10g
グラニュー糖 … 30g
バター（食塩不使用）… 50g
牛乳 … 120㎖
牛乳 … 大さじ1（グレイズ用）
強力粉 … 適量（打ち粉用）

✣ 準備 ✣

・ バターを2cm角のサイコロ状に切って、
　冷蔵庫で冷やす。
・ 天板にオーブンシートを敷く。
・ オーブンを190℃に予熱する。

✣ 作り方 ✣

1. Ⓐを合わせてボウルにふるい入れる。

2. **1**のボウルにバターを加え、カードで細かく切り混ぜる。そぼろ状になったら、手で大きなバターが残ってないか確認する。

3. **2**のボウルに牛乳を一度に加え、手で粉けがなくなるまで混ぜ、生地をひとまとめにする。

4. 強力粉を打ち粉した台に、**3**の生地をのせて軽くこねる。

5. **4**の生地をめん棒で厚さ2cmにのばす。

6. 打ち粉をつけた型で抜き、天板に並べる。

7. **6**の生地の表面にはけなどで牛乳をぬり、オーブンの温度を180℃に下げて14〜15分焼く。

Golden Syrup Scones
ゴールデンシロップのスコーン

英国の家庭に必ずある甘味料のひとつ、ゴールデンシロップ。
焼きたてのパンケーキやクランペットにかけて食べるだけでなく、
砂糖の代わりに料理や菓子に甘みをつける調味料としても重宝します。
ここでは、生地にミックススパイスとともにゴールデンシロップを混ぜ込んだスコーンをご紹介。
オーブンを開けるとゴールデンシロップの甘い香りが広がって、幸せな気持になります。

✈ 材料 ⊬ （直径5㎝の花型6個分）

Ⓐ
薄力粉 … 225g
ベーキングパウダー … 大さじ1と1/2
グラニュー糖 … 25g
ミックススパイス … 小さじ1/4 (P8参照)

バター（食塩不使用）… 50g

Ⓑ
ゴールデンシロップ … 大さじ2
牛乳 … 110㎖

Ⓒ
牛乳 … 大さじ1（グレイズ用）
ゴールデンシロップ … 大さじ1（グレイズ用）

強力粉 … 適量（打ち粉用）

✈ 準備 ⊬

・ バターを2㎝角のサイコロ状に切って、
　冷蔵庫で冷やす。
・ 天板にオーブンシートを敷く。
・ オーブンを190℃に予熱する。

✈ 作り方 ⊬

1. **Ⓐ**を合わせてボウルにふるい入れる。

2. **1**のボウルにバターを加え、カードで細かく切り混ぜる。そぼろ状になったら、手で大きなバターが残ってないか確認する。

3. **Ⓑ**をよく混ぜ合わせて（Point）、**2**のボウルに加え、手でさっくり混ぜ、生地をひとまとめにする。

4. 強力粉を打ち粉した台に、**3**の生地をのせて、手で厚さ2㎝に広げる。

5. **4**の生地を半分に折る。さらに2㎝の厚さに広げ、半分に折る。これを3回繰り返す。

6. **5**の生地を手で2.5㎝の厚さに広げ、打ち粉をつけた型で抜き天板に並べる（抜くときに型の上を手でふさいで圧をかけないようにする）。

7. **Ⓒ**を混ぜ合わせ、**6**の生地の表面にはけなどでぬり、オーブンの温度を180℃に下げて13〜14分焼く。

Point

ゴールデンシロップだけでは生地に混ざりにくいため、牛乳と合わせる。

ゴールデンシロップ

砂糖を作る過程で生まれる黄金色のシロップ。やさしい味と香りで、英国では料理や菓子に欠かせないもの。日本では輸入食材店やネット通販でも購入できます。

Marmite Scones
マーマイトスコーン

英国の朝食のテーブルには必ずあるマーマイトは、
トーストにぬって食べるのが決まり！
ここでは、マーマイトと一緒にチーズを焼き込む
セイボリー（塩味の）スコーンをご紹介します。
マーマイトが苦手という人も、きっとスコーンなら大丈夫?!

ᐟ 材料 ᐟ （直径6cmの丸型6個分）

A
薄力粉 … 250g
重曹 … 小さじ1
マスタードパウダー（あればコールマン）
　… 小さじ1/2
＊粉辛子で代用可。
バター（食塩不使用）… 50g
シュレッドチーズ … 80g

B
牛乳 … 150ml
マーマイト … 小さじ1と1/2

C
マーマイト … 小さじ1（グレイズ用）
牛乳 … 小さじ2（グレイズ用）
強力粉 … 適量（打ち粉用）

ᐟ 準備 ᐟ

・ バターを2cm角のサイコロ状に切って、
　冷蔵庫で冷やす。
・ 天板にオーブンシートを敷く。
・ オーブンを190℃に予熱する。

ᐟ 作り方 ᐟ

1. **A**を合わせてボウルにふるい入れる。

2. **1**のボウルにバターを加え、カードで細かく切り混ぜる。そぼろ状になったら、手で大きなバターが残ってないか確認する。チーズを加えてカードで混ぜる。

3. **B**を混ぜ合わせたら（Point）、**2**のボウルに入れて手でさっくり混ぜ、生地をひとまとめにする。

4. 強力粉を打ち粉した台に、**3**の生地をのせて、手で厚さ2cmに広げる。

5. **4**の生地を半分に折る。さらに2cmの厚さに広げ、半分に折る。これを3回繰り返す。

6. 強力粉を打ち粉した台に、**5**の生地をのせて、手で厚さ2.5cmに広げ、打ち粉をつけた型で抜き、天板に並べる（抜くときに型の上を手でふさいで圧をかけないようにする）。

7. **C**を混ぜ合わせ、**6**の生地の表面にはけなどでぬり、オーブンの温度を180℃に下げて13〜15分焼く。

Point

マーマイトだけでは生地に混ざりにくいので、牛乳と合わせる。

マーマイト

黒茶色のペースト状のマーマイトは、ビールの醸造過程で出る沈殿堆積した酵母で、ビタミンB群を多く含む健康食品。英国で昔から愛されているソウルフードです。

Column | 英国食器バーレイの魅力　　Burleigh

　英国のミッドランド西部、スタッフォードシャー州の
ストーク・オン・トレントという街にバーレイの工場があ
ります。創業は1851年。良い土が取れるこの地には、
ウェッジウッドやロイヤルドルトン、スポード等々、名だ
たる陶磁器ブランドの工房が集まっています。18世紀に
は、英国国内のみならず世界中に陶磁器を送り出してい
ました。そのため、街の中には細い運河があり、それぞ
れの工房の間を縫うように流れています。出来上がった
陶磁器は工房からそのまま運河に下ろせるようになって
おり、船で世界中に出荷されていたのです。バーレイも
運河のそばにあり、ボトルオーブンと呼ばれる大きな窯
の煙突が美しい工房です。

　バーレイは、200年前に始まったと言われる銅版転写
という製法で陶器に模様付けしています。同様の方法で
作る工房は当時たくさんありましたが、現在はバーレイ
だけになりました。

　実はバーレイは一度倒産しています。しかしバーレイ
を英国の宝と信じた、ウィンチェスターで雑貨屋を営む
ドーリン夫妻が全財産を投げ打ちなんとか救い出しまし
た。その後、チャールズ皇太子（当時）財団のバックアッ
プを受けて、今では貴重なメイド・イン・イングランドの、
英国を代表する器を守ることができたのです。

　英国の友人たちのキッチンには、おばあ様、お母様
から譲り受けたバーレイの大皿が何枚か飾られていまし
た。その時々に少しずつデザインや色が違う皿を買い求
め、古いバーレイを今でも大切に使い続ける英国の人た
ち。その姿に影響を受け、私もバーレイをアンティーク
ショップや蚤の市で見かけると連れて帰るようになりまし
た。そしてバーレイの窯元を機会があるごとに訪ねては、
少しずつ増やしていきました。

バーレイでは工房見学もで
きますし、ショップもありま
す。ティールームではバーレ
イの食器でティータイムを楽
しむこともできます。

最もバーレイらしいのは、
氷の上に落ちた桜の花をイ
メージしたキャリコの柄。
時を経ても愛される不滅の
デザインです。

Chapter 3
英国暮らしと四季のお菓子

日本と同じように英国にも四季があります。
英国菓子に、季節感が反映されるのはもちろんのこと、
冬のクリスマスなど、宗教にまつわる行事に
ちんだものもたくさんあります。
私が暮らした英国での春夏秋冬のエピソードとともに、
英国の四季には欠かせないお菓子と飲みものを紹介します。
どれも本格的な味を再現していますが、
ここでも食べきれる量を意識したレシピにしました。

英国暮らし

春

Spring

英国人にとって、長く暗く寒い冬が終わり、ようやく訪れる希望の季節です。3月の終わりから4月ごろに祝うイエス・キリストの復活祭、イースターとともに日は長くなり動物たちは活発に。花々も咲き始め、人々の心も浮き立ちます。

日本で春をイメージする色といえば、桜や桃の花を思い起こさせるピンクでしょうか。でも英国では黄色。この時期に咲く水仙やイースターのモチーフである卵とひよこ、そして太陽の黄色が春を象徴する色。

春を思い起こさせる色が国によって違うなんて面白いですね。

にんじんの収穫時期は秋。でもイースターのお祝いに欠かせない多産の象徴・うさぎの大好物であることから、英国では春のモチーフとされています。英国には、写真のように細長くひょろっとしたにんじんがあります。初めて見たときは「あのピーターラビットが持っているにんじんそのものだ！」とうれしくなりました。ただ現在スーパーで売られているもののほとんどは、日本と同じ太くて短いもの。細長いにんじんはファームで買えます。

英国の代表的な春の花は2月から咲き始めるクロッカス、写真左の白いスノードロップ。そして3月には写真右の黄色い水仙、そして4月頃からはブルーベルが咲きます。

「春の風物詩・パンケーキレース」

「パンケーキデー」は1445年から続くイベント。オルニー村にはレース見学に全英から人が集まります。途中で一度、パンケーキをひっくり返さないといけないので意外と難しい。

　英国では、2月から3月頃にパンケーキを食べる「パンケーキデー」があります。これは、キリスト教の祝祭であるイースター（復活祭）の前のレント（断食期間）に入る前に行われるもので、台所にある卵・牛乳・バターを使いきってしまう、レントに備えて栄養をつけておく、という意味合いがあるようです。そしてこのパンケーキデーには、全英各地でフライパンにパンケーキをのせて走るパンケーキレースが開催されます。

　発祥の地は、イングランド南部・バッキンガムシャーにあるオルニー村。この村のひとりの主婦がパンケーキを焼いていたところ、教会の鐘がなり、礼拝を忘れていたことに気がつき大慌てでフライパンを持ったまま走って駆けつけたのが始まり、なんていわれています。小学校でもレースは開催され、給食にパンケーキが出る学校もあります。キリスト教にまつわるイベントだけあって、たいていは寄付を募るチャリティレースとなっています。

「暗室栽培で育つルバーブ」

現代でもろうそくのみでフォースルバーブを育てている
貴重な小屋を見学した時の写真。

露地ものの茎は太く、酸味も強く野性味あふれる味。
英国菓子に欠かせない素材です。

私もぜひレースに出場してみたいと思ったので
すが、オルニー村に3カ月以上住まないと参
加できないと知り諦めました。

　ルバーブはタデ科のダイオウ属で和名は食用大黄。食べる部
分は茎で酸味の強い植物です。

　英国人にとってルバーブはとてもなじみのある食材で、クラン
ブルやタルト、ジャムにしていただきます。

　収穫のはしりは1～2月。この時期に収穫できるのはピンクルバー
ブと言われるフォースルバーブ（Force Rhubarb）で、産地はウェ
ストヨークシャーにあるウェイクフィールド（Wakefield）を中心
とした地域になります。

　フォースルバーブは、ルバーブシェッド（Rhubarb Shed）とい
われる小屋で、ほぼ暗闇の中で育てられます。灯りは、現代で
はほとんどが電灯ですが、昔はろうそくの光だけ。小屋に入ると
中は真っ暗闇で、目が慣れてくると、ぼんやりとろうそくの光が
見えてきます。天井は低く小屋の中央なら大人がようやく立てる
高さ。地面には、ルバーブがにょきにょきと生えています。これ
らは、最初の1年はポットに種をまき、外で育てて収穫はせず。
2年目にこのルバーブシェッドに定植し、負担のかかる花芽を摘
みつつ育てて1月ごろから収穫するのです。

　この小屋で丁寧に時間をかけて栽培されたルバーブは、茎は
ピンク色で柔らかく、葉は白く小さいのが特徴。とても貴重なル
バーブになります。

　一方、5月ごろから収穫される露地栽培ものは、葉は深い緑
色で大きく、茎は濃い赤色で硬め。茎が伸び始めたところで大
きなテラコッタの植木鉢状のものをかぶせて栽培する方法もあり
ます。こうして柔らかいルバーブを作ることができるのです。

　英国の庭には、時々この大きな植木鉢状の「フォーサー」が
伏せて置いてありますが、実はその下にはルバーブが育っている
のです。家の近所のファームで夏にルバーブを収穫した時には、
青々とした大きな葉をレジの人にボキボキ折られ、なぜなのかと
聞くと「毒があるから！」と言われました。ルバーブの葉にはシュ
ウ酸が多く含まれ体に害があるとか。

　私が「写真に撮りたいから葉を1枚持って帰りたい」とお願い
すると、「この場で撮るならいいわよ」と言って絶対に持ち帰ら
せてくれませんでした。

　昔は、ルバーブは薬として使用されていたそうです。繊維が多
いので整腸剤として、また利尿、抗酸化作用、抗菌の効果があ
ることでも珍重され高値で取引されていたのだとか。

　最近では、日本でも良いルバーブが生や冷凍で手に入るよう
になり、ルバーブのおいしさも広まりうれしく思っています。

Rhubarb Scones

Rhubarb Jam

ルバーブのジャムとスコーン

ルバーブはタデ科の植物で、食べられるのは茎の部分。冷凍のルバーブは、通年で使えるので便利です。
スコーンは、甘酸っぱいルバーブジャムをたっぷり挟みこみ、さらに上にものせて焼きあげました。

ルバーブのジャム

✦ 材料 ✦（作りやすい分量）

冷凍ルバーブ … 500g（2cmカットのもの）
レモン果汁 … 大さじ1
グラニュー糖 … 250g

✦ 準備 ✦

・ ボウルに冷凍ルバーブを入れ、レモ
ン果汁を回し入れ、グラニュー糖を
ふりかけて室温に1時間おく（Point）。

✦ 作り方 ✦

1. 鍋にルバーブを汁ごと入れて中火にかけ、
約15分、好みの固さになるまで木べら
で混ぜる。混ぜすぎるとルバーブが崩れ
てジャムににごりが出るので気をつける。

2. 仕上がりに合わせて瓶を煮沸消毒し、**1**
のジャムを熱いうちに流し入れる。

日持ち

◎ 冷蔵で約2週間。

グラニュー糖をふって
時間をおくことで水分
が出てルバーブが柔ら
かくなる。

ルバーブのスコーン

✦ 材料 ✦（直径6cmの丸型6個分）

Ⓐ
薄力粉 … 225g
グラニュー糖 … 50g
ベーキングパウダー … 大さじ1
バター（食塩不使用）… 55g

Ⓑ
卵 … 1個
牛乳 … 60ml
ルバーブジャム … 60g（上記参照）
強力粉 … 適量（打ち粉用）
ルバーブジャム … 30g（表面にのせる分）

✦ 準備 ✦

・ バターを2cm角のサイコロ状に切って、
室温でやわらかくする。
・ 天板にオーブンシートを敷く。
・ オーブンを190℃に予熱する。

✦ 作り方 ✦

1. Ⓐを合わせてボウルにふるい入れてバター
を加え、カードで切るようにしながら、
そぼろ状になるまで混ぜる。

2. 別のボウルにⒷを合わせ入れて泡立て
器で溶く。

3. **1**のボウルに**2**を一度に加え、手で粉け
がなくなるまで混ぜ、ひとまとめにする。

4. 強力粉を打ち粉した台に、**3**の生地をの
せて軽くこね、めん棒で厚さ2cmにのばす。

5. **4**の生地全体にルバーブジャム60gをぬ
り広げ（Point1）、二つに折り軽く押さえ
てなじませる。

6. **5**の生地を打ち粉をつけた型で抜き、抜
いた生地の側面をさわらないようにしな
がら天板に並べ、ジャム30gを1/6量ず
つのせる（Point2）。

7. オーブンの温度を180℃に下げて13〜15
分焼く。

周囲を2cmほどあけて
ジャムを全体にぬり広
げる。

周囲を1cmほどあけて、
中心にスプーンの裏な
どでジャムをぬり広げる。

英国暮らし 夏 *Summer*

英国で夏といえば5月から8月まで。ただし8月になると長袖が必要なほど肌寒くなってしまいます。なので、いっときの太陽を求めて英国人は夏になったら外へ外へ！ と向かいます。カフェも路上にテーブル席を作り、休日の公園では日光浴を楽しむ人々でにぎわいます。ロンドンでも田舎でも多くの演劇やコンサートが野外で開催され、人々は芝生の上にブランケットを敷きワインとサンドイッチを手に鑑賞を楽しみます。若いアクターも多く出演するため、観客は彼らを応援するという意味でも積極的にチケットを購入します。

夏の野外の舞台は1人5ポンドくらいで気軽に観劇できるのも魅力です。シェイクスピアの「真夏の夜の夢」は人気の演目。

コッツウォルズには、小さな前庭を開放して自慢の花々を見てもらうという家が数多くあります。特にバラのシーズンは見事。

ブライトンビーチは、英国の最南端にある、英国人の憧れの避暑地。子どもは海水浴、大人はもっぱらビーチで肌を焼きます。

「夏の風物詩・ラベンダーファーム」

　イングランドの南部・コッツウォルズ、そして東部・ノーフォークのあたり一帯にラベンダー畑が広がっています。ラベンダーの花盛りは7月、刈り取りは毎年8月の10日前後。この季節には観光バスが次々に乗りつけるほどの人気スポットです。ラベンダーの花が咲き誇る景色を楽しめる期間は短いのですが、英国人は花だけでなくアロマを楽しむため、ファームに併設されるショップやティールームは一年中オープンしています。ショップには、バスオイルや石けん、シャンプーを買い求める人、ラベンダーティーやラベンダーの香りのするお菓子を味わいに来る人たちで常に賑わっています。P48で紹介した「ラベンダーのショートブレッド」も、そんなティールームで出会いました。写真は、7月ごろのコッツウォルズで撮ったもの。車から一歩出たら、もうラベンダーのいい香りがしました。この時期は、村中がラベンダーの素敵な香りであふれているのです。

「夏の飲みもの・ピムス」

英国の夏の飲みものの定番といえば「ピムス」。このピムス、小学校の運動会でPTAの母親たちが作って販売し、その収益を学校へ寄付するのが恒例です。初めてその様子を目にしたときは「校内でアルコール?!」と驚いたものでした。ピムスにはNo.1～6までありベースが違います。No.1（右の写真）はジン、No.2はスコッチウィスキー、No.3はブランデー、No.4はラム、No.5はライ・ウィスキー、No.6はウォッカがベースとなる面白いお酒です。

「運動会とラッフル」

　英国の夏は短く、一番雨が少なくお天気の日が多いのが6月と7月になります。結婚式が多いのも6月。そうジューンブライドです。ロイヤルアスコットやウィンブルドン、ヘンリーレガッタなどの屋外のスポーツやイベントもこの時期に集中しています。

　運動会（Sports Day）は、日本では秋に行われますが英国では夏。日本のように練習はほぼなく、体育の時間に少し走ったりするくらいです。子どもたちはハウスと言われるグループに分かれ、それぞれのカラーのウェアを着て団体戦を戦います。個人戦もありますが、それはハウスの得点に反映され、ハウスの方が大切なよう。

　本番当日も音楽やアナウンスはなく、芝生の上で行うほのぼのとした運動会で、親が一緒に参加する競技もあり、その場で「親御さんもどうぞ〜」というおおらかさ。

　ダイアナ元妃が息子の運動会に参加して裸足で走っていた写真がニュースで流れてきて驚きましたが、あれは特別なことではなかったのねと思いました。

　運動会にはじめて参加したのは、娘が小学2年生の時。日本の運動会との違いに驚いたことはたくさんありますが、一番驚いたのは「ラッフル」です。ラッフルとは、学校のPTAが販売するくじです。1枚20ペンスくらい。運動会前にこれを保護者が購入して、その売り上げで子どもたちが使うボールやマットレスや文房具などを買うのです。我が家も5ポンドほどラッフルを購入しました。その半券を運動会当日に持っていくと、当たった人は何かしらもらえるというもの。「楽しい寄付だな」と思ったものです。

　そして運動会の最後に「ラッフルの抽選です！」と宣言して、校長先生が登場。箱に入ったくじを全校生徒分引いていきます。景品は、チョコレートやビスケット、ノートやマーカーなどいろいろ。子どもたちは大喜び。最後に今年のラッフル1等賞！ と先生が引いたくじを読み上げると名前は娘。まわりは大歓声！　まあ、1等賞をあててもらってよかったねえと思っていると、娘が受け取ってきたのは封筒。どれどれと開けると現金100ポンドが入っていました。学校くじの景品がお金とは！日本ではないことだなあととても驚きました。

小学校での運動会の様子。英国は芝が多く、学校のグラウンドも青々とした芝生。整列することなどなく、のんびりしたものです。

これがチャリティくじラッフルの1等賞です。「100ポンド」とあり、現金と一緒に入っていました。

Pimm's

Fruit Jelly

英国の夏の飲みもの　ピムス

「ピムス」というお酒を使った、夏には欠かせないさわやかな飲みもの。
ポイントはきゅうりを入れて作ること。旬のベリー類やかんきつ類も入れます。

⊰ 材料 ⊱ （2杯分）

ピムス（No.1）… 100㎖ Ⓐ

（好みで）氷 … 数個

サイダー … 250㎖

Ⓐ
- きゅうりの輪切り … 10枚
- いちご … 6個
- ラズベリー … 5〜6個
  *冷凍でもよい。
- オレンジの輪切り … 2〜3枚
- レモンの輪切り … 1枚
- レモン果汁 … 大さじ1
- ミントの葉 … 4〜5枚

⊰ 作り方 ⊱

1. ピッチャーにピムス（No.1）を入れ、好みで氷を入れてサイダーを静かに加える。

2. 1にⒶを加えてマドラーで軽く混ぜる。

サマーフルーツジェリー

英国では、夏になるとフットパス（散歩道）の脇道で、ゴルフ場のブッシュ（茂み）で、庭や学校の片隅で、ベリーをあちこちで見つけることができます。ファームやスーパーでも色とりどりに並べられています。そんなベリーをふんだんに使ったジェリーは、英国人にとって短い夏を思いっきり味わうためのお菓子。

⊰ 材料 ⊱ （2〜3人分）

いちご … 5〜6個

ラズベリー、ブルーベリー、ブラックベリーなど
　好みのベリー … 各15〜20個
*冷凍でもよい。

水 … 500㎖

グラニュー糖 … 70g

Ⓑ
- レモン果汁 … 大さじ2
- （あれば）エルダーフラワーコーディアル
  　… 大さじ3

粉ゼラチン … 10g（ふやかし不要のもの）

ミントの葉 … 適量

⊰ 作り方 ⊱

1. いちごはへたを取り、食べやすい大きさに切る。

2. 鍋に水を入れて中火にかけ、グラニュー糖を加えて溶かす。沸騰直前で火からおろす。

3. 2の鍋にⒷを加え、粉ゼラチンを加えて溶かす。

4. 3を茶こしでこしながらボウルに入れ、ボウルの底を氷水にあてながらとろみがつくまで木べらで混ぜる。

5. 型やグラスにベリー類を入れ（型で作る場合はベリー類を飾り用に取り分けておく）、4を流し入れたら冷蔵庫で冷やし固める。型に入れたものは抜いて器に盛り、ベリー類やミントをのせて飾る。

日持ち

◎ 保存容器に入れて冷蔵で約3日間。

エルダーフラワーコーディアル
コーディアルとは、ハーブや果物をシロップに漬け込んだ、英国の伝統的なノンアルコール濃縮飲料。エルダーフラワーコーディアルはエルダーフラワーをシロップに漬けたもの。味はフルーティーで少し酸味があります。

英国暮らし 秋 *Autumn*

英国の秋は9月から10月。11月は日照時間も短くコートを着込むぐらいの寒さで、穏やかな気候を楽しめるのは、ほんの一瞬。ちょっと気をぬくとあっという間に冬になってしまいます。木々の葉が徐々に色づくのを日々見ながら、秋をじっくり感じるということは、とても贅沢なことだったんだなあと日本の秋が恋しくなったものです。でも食べ物がおいしくなる実りの秋であることは日本と同じです。庭でりんごをもいだり、公園での栗拾いも楽しい思い出です。

上流階級のスポーツとして一年中楽しまれていたハンティング。今は、期間も限定され、行うにも高い税金がかかります。前後の人との距離や旗を持って歩くなどのルールも細かく決められています。

英国の田舎で開かれる秋の収穫祭の様子。自慢の牛を連れて練り歩き、地元の人たちにお披露目します。このあと、良い牛を選ぶ品評会も行われます。

「英国のりんご」

　英国では庭にりんごの木を植えている家庭も多く、秋になると木の枝がしなるほどりんごがたわわに実り、道路にたくさん実が落ちてきます。英国のりんごは原種に近いため小ぶりで皮は厚く、芯も大きく、酸っぱいのが特徴。クッキングアップルといって火を通すとおいしくなるのです。とはいえ、英国の子どもたちのランチバッグには、必ずその酸っぱいりんごが丸ごと入っていて、平気な顔をしてかじっています。

　英国では、庭に古いりんごの木がある家の家賃は高いのだとか。立派なりんごの木があるということは、古くて、手入れもしっかりされてきた家ということで、古い家が好きな英国人たちに人気なのだそう。

「秋の風物詩・収穫祭」

バークシャー州の収穫祭の様子。ちょうど小麦の品評会で結果発表をしていました。赤い札が1位、青が2位、黄色が3位です。

　英国人にとっての秋は、収穫の秋。小麦やじゃがいもなど主食の収穫を迎える豊かな季節です。そして秋には、各地で「収穫祭」が開かれます。それは農業に携わる人たちが日頃の成果を発表することで、より一層の技術の向上、そして衛生意識を高める機会。メインは牛や馬、鶏、卵、果物やじゃがいも、小麦粉などの品評会。馬の蹄鉄の技術を競うコンペティションなどもありました。見学者たちにとっては、収穫物を見て褒め称えるだけでなく、普段見られない生産者の姿を見て、尊敬と感謝の念を直接伝えられる機会でもあります。その結果、農場の人たちも自分の仕事を改めて誇りに思うことができるのです。この褒め称えて評価するという文化って、すごくいいなあと思いました。

「お店には売っていない家庭菓子」

英国の秋は進級の季節。日本と同じ3学期制ですが、9月が新学年の始まりになります。新しいクラスになると、校内で、懇親を目的にいろいろな催しがありました。そのひとつがケーキコンペティション。親子で思い思いのケーキを家で作って学校に持ち寄り、先生方が1～3位くらいまで決めます。そしてすべてのケーキは5ポンドで販売され、近隣の人たちも加わり完売となりました。売り上げは学校の備品購入に充てられます。菓子を作って食べる魅力を存分に活用していて感心したのを覚えています。

秋といえば、もうひとつ思い出があります。娘の小学校のお友達の誕生会に招かれ、そこで初めて「バタフライケーキ」を知りました。カップケーキの上部をくりぬいて蝶々の羽のように飾ったかわいらしいケーキ。

娘の誕生日のためにお母さんが作ったものでした。ケーキ店やベーカリー、スーパーの菓子売り場、ティールームでも見たことがないものだったためすっかり興奮してしまいました。そのお母さんに聞くと、昔から作られていたお菓子で、彼女のお宅では、母親がよく誕生日や家族が集まる時に作ってくれていたのだとか。カラフルなクリームを絞った華やかなカップケーキに押され、今では店で見ることはないお菓子だったのです。古書で調べてみるとバタフライケーキはちゃんと載っていました。ただ、英国の古い本は完成品の挿絵さえない文字だけの本が多いため、その存在を誕生日会で見るまでは知らなかったのです。その発見に心躍り、家庭菓子と古書の菓子を探す楽しい世界が広がりました（バタフライケーキのレシピはP103参照）。

「英国の恩師で友人でご近所のピーターさん」

ピーターさんとの出会いは2006年の9月。二度目の渡英の時のことでした。引っ越し先の家の両隣に挨拶に行くと、「このクローズ（袋小路になっている家の集まり）をまとめているピーターさんのところへまず行ってね」、と言われ訪ねたことがきっかけでした。

その後、ピーターさんが英国のティールームについての本も書かれていて、英国菓子に造詣が深いことを知り、私はこの日から、何かわからないことがあるとピーターさんに聞いては教えてもらうことになったのです。

英国は連合王国であるため、菓子にはそれぞれの国・地域で特徴があり、地方菓子は魅力にあふれています。また日本と同じように四季があるため季節の菓子も豊富。その他、宗教の中で育まれた菓子や、王室にゆかりのあるヴィクトリアサンドイッチケーキやバッテンバーグケーキなど、英国菓子は知れば知るほど、発見がいっぱいで夢中になりました。

ピーターさんは菓子の配合や作り方だけではなく、その歴史や由来を教えてくれ、その中でも一番楽しかったのは、彼の子どもの頃の話でした。

お母さんに作ってもらったビスケット、イースターやクリスマスなどお祝いの時に作るお菓子。料理と同じく

菓子も家で作ることが珍しくない英国の家庭で育ったピーターさんの話は、そのまま母の味、お母さまの思い出そのものでした。

日本に帰国した後も渡英の度に会いに行き、たくさん尽きない話をしました。彼は2017年に亡くなってしまいました。寂しく残念でなりません。今でもピーターさんと本を広げ、辞書を引き、地図をのぞき込んで菓子のルーツを探ったこと、一緒に食事を作り、プディングを温めながら紅茶を飲んだことをよく思い出します。

レモンバタフライケーキ

英国の家庭で作られていた、昔ながらの飾りつけのバタフライケーキ。
特別な道具もいらない、カップケーキをくり抜いて蝶々のようにしたもの。
素朴で愛らしく、老若男女に愛されているお菓子です。

Lemon Butterfly Cake

✂ 材料 ✂ （直径5cmのカップケーキ型4個分）

バター（食塩不使用）… 60g

グラニュー糖 … 60g

卵 … 1個

Ⓐ
- オレンジの皮のすりおろし … 1/2個分
- オレンジ果汁 … 大さじ1
- レモンの皮のすりおろし … 1/2個分

Ⓑ
- 薄力粉 … 60g
- ベーキングパウダー … 小さじ1

Ⓒ
- 生クリーム（乳脂肪分40%）… 50㎖
- グラニュー糖 … 小さじ1

レモンカード（市販品）… 40g

粉糖 … 適量

✂ 準備 ✂

- バターを室温でやわらかくする。
- 卵を室温に戻す。
- 天板にオーブンシートを敷く。
- オーブンを190℃に予熱する。

✂ 作り方 ✂

1. ボウルにバターを入れて、木べらでクリーム状になるまで混ぜる。

2. **1**のボウルにグラニュー糖を3回に分けて入れ、そのつど木べらで混ぜる。

3. 卵を溶いて**2**のボウルに5回に分けて入れながら、木べらで混ぜる。もし分離しそうになったら、**Ⓑ**の薄力粉から大さじ1を加えて混ぜる。

4. **3**のボウルに**Ⓐ**を加えてさっと混ぜる。

5. **4**のボウルに**Ⓑ**を合わせてふるい入れ、木べらで生地にツヤが出るまで混ぜたら、型に50gずつ流し入れる。

6. **5**を天板に並べ、オーブンの温度を180℃に下げて15〜18分焼く。

7. 中心に竹串をさし、生地がついてこなければ焼きあがり。

8. 冷めたら、表面にナイフを刺し入れてすり鉢状にくり抜き（Point1）、切り取った部分を半分に切る。

9. くり抜いた部分にレモンカードを落とす。**Ⓒ**を九分立てにし、レモンカードの上に重ねる。**8**で半分に切ったケーキをクリームの上に斜めにのせ（Point2）、表面に粉糖を軽くふる。

日持ち

◎ 保存容器に入れて冷蔵で翌日まで。

Point1

中心に向けてナイフの刃を入れて、1.5㎝程度の深さにくり抜く。

Point2

半分に切ったケーキの上部をクリームの上に斜めにのせる。

英国暮らし

冬
Winter

英国の冬は11月から。日は短く、雨は毎日降り、朝晩霜が降りる厳しい寒さ。そんな寒い冬を楽しく乗り越える知恵として、英国人は大好きなクリスマスの準備をクリスマス前のアドベント（待降節）期間よりさらに前の、11月から始めます。1月6日のエピファニー（公現祭）を迎えたら春の訪れまでもう少し。

厳冬の英国、特に北部では、牧草も限られるため畜産は牛よりも少ない牧草で飼育できる羊中心になったのです。羊からはミルク、羊毛、そして肉が取れ、大切な冬の暮らしを支えています。

英国で、りすは身近な存在です。公園や住宅街で一年中よく見かけます。秋の間にたくさんの木の実を地面に埋めて、冬に、それを必死に掘り起こしているかわいい様子をよく見ました。

「もみの木」

各々好きな1本をじっくり選びネットをかけてもらいます。

12月に入ると街の広場や百貨店、学校、教会にクリスマスツリーが飾られます。スーパーの駐車場や公園、ファームなどにもみの木市が立つので、家族と協力して家に持ち帰り、エピファニー（公現祭）が終わる1月6日まで飾ります。生の木ですから毎日水を差しながら育てるようにツリーの手入れをします。部屋には一日中もみの木の良い香りが広がります。灯りをともしたツリーは、昼過ぎ3時ごろには薄暗くなるこの季節に、窓の外からも目を楽しませてくれる存在。各家庭の窓辺を眺めるのもこの季節の楽しみのひとつになっています。

「冬の風物詩・クリスマスマーケット」

日本のクリスマスは、イブやクリスマス当日が本番とばかりににぎわっていますよね。英国のクリスマスマーケットは、家族や大切な人に贈るクリスマスプレゼントを探すところ。ですから開催時期は、11月の終わりから12月21日ごろまで。クリスマスイブや当日は家族と過ごす大切な日ですからマーケットはクローズとなります。とはいえ最近では、ロンドンの大規模なクリスマスマーケットでも、観光客の要望に応えてか、1月6日まで開催されるようになりました。マーケットのあり方も変わってきたようです。

クリスマスマーケットは昼も夜もにぎわいます。

「クリスマスの七面鳥」

ターキーにはクランベリーソースを必ずかけます。付け合わせの野菜は、ターキーと一緒に焼いて。

クリスマス料理の準備は10月にターキー（七面鳥）を手配するところから始まります。手配といってもお肉屋さんに行くのではなく、放し飼いで七面鳥を育てているターキーファームに行くのです。ファームでは、家族でわいわいと相談し、これは！と思う一羽を選んで予約します。そして2カ月後、12月23日にファームに引き取りに行くと、ひとまわり大きくなり、羽もむしられた七面鳥が待っています。

友人のピーターさんに昔からターキーを食べていたのか聞いてみると、彼が子どもの頃、1940年代はビーフかガモン（豚）のローストがほとんどだったそう。それがアメリカの影響でターキーを食べるようになったのだとか。ターキーで大失敗をしたことがあります。英国での初めてのクリスマス。スーパーで買ってきたターキーをオーブンに入れて数分後、プラスチックの嫌なにおいがしてきました。なんとターキーのお腹の中には、ポリ袋に入った詰め物がおさまっていたのです。袋から取り出して詰め直して焼くということを、当時は知りませんでした。今でも思い出して笑ってしまいます。

「モルドワイン」

クリスマスシーズンに欠かせないモルドワインのレシピをご紹介します。①鍋に赤ワイン1本を入れて中火で温める。②砂糖50gを加えて木べらで静かに混ぜながら溶かす。③ミックススパイス（P8参照）小さじ1、シナモンスティック1本、ナツメグ小さじ1/2、ジンジャーパウダー小さじ1/2、クローブ5個、スターアニス1〜2個、ゴールデンシロップ大さじ1、オレンジの輪切り2枚、りんごの輪切り2枚を加え、弱火にして沸騰させないよう静かに温める。

「ミンスミート」

ミンスミート（ひき肉）とは、その名の通りかつては細かくミンチされた肉で作られていましたが、英国では、現代では肉の代わりに牛脂（スエット）を使い、ドライフルーツやリンゴをラム酒などと漬け込んで熟成させたものに変わりました。このミンスミートをペイストリーに包んだミンスパイ（写真）は、クリスマスに欠かせないご馳走のひとつ。クリスマスの日から十二夜（1月5日）まで1日1個食べるのが伝統ですが、最近では11月頃から楽しんでいます。英国人はミンスミートが大好きなんです。

Christmas
Mince Meat Scones

Quick Mince Meat

クイックミンスミート

英国の伝統的な保存食、ミンスミート。
ミンスパイやミンスタルトなどに使われ、クリスマスには欠かせません。

⨂ 材料 ⨂（約350g分）

Ⓐ
- レーズン … 100g
- カランツ … 50g
- オレンジピール（刻み）… 50g
- ラム酒 … 大さじ2
- バター（食塩不使用）… 50g
- りんご … 100g（みじん切り）
- レモン果汁 … 大さじ1
- オレンジ果汁 … 大さじ1
- 水 … 小さじ1

ラム酒 … 大さじ1（後で入れる）

⨂ 作り方 ⨂

1. フライパンに**Ⓐ**を入れて中火にかけ、木べらで混ぜながら約10分、全体がなじんでしっとりするまで加熱する（Point）。

2. **1**の粗熱が取れたら、ラム酒を加えて混ぜ、清潔な保存容器に入れる。

日持ち

◎ 保存容器に入れて冷蔵で約20日間。
◎ 使うときは、室温に戻す。

Point

水分を飛ばしすぎて煮詰めないこと。少し水分が残っているくらいがよい。

クリスマスミンスミートのスコーン

ラム酒が香るミンスミートを焼き込んだスコーンは、1年でこの時期だけ。
スパイスティーにもよく合います。

⨂ 材料 ⨂（直径6cmの丸型6個分）

Ⓐ
- 卵 … 1個
- ヨーグルト（無糖）… 50g
- 牛乳 … 大さじ3

Ⓑ
- 薄力粉 … 250g
- ベーキングパウダー … 大さじ1
- グラニュー糖 … 20g

バター（食塩不使用）… 50g
ミンスミート … 50g（上記参照）
強力粉 … 適量（打ち粉用）

⨂ 準備 ⨂

- バターを2cm角のサイコロ状に切って、冷蔵庫で冷やす。
- 天板にオーブンシートを敷く。
- オーブンを190℃に予熱する。

⨂ 作り方 ⨂

1. **Ⓐ**をボウルに入れて泡立て器で軽く混ぜる。

2. 別のボウルに**Ⓑ**を合わせてふるい入れる。バターを加えてカードで細かく切り混ぜる。そぼろ状になったら手で大きなバターが残ってないか確認する。

3. **2**にミンスミートを加えてカードで混ぜる。さらに**1**を加えてカードでさっくりと混ぜて手でひとまとめにする。

4. 強力粉を打ち粉した台に、**3**の生地をのせて手で厚さ2.5cmに広げ、半分に折る。これを3回繰り返す。

5. **4**の生地を手で2.5cmの厚さに広げ、打ち粉をつけた型で抜く。側面をさわらないように天板に並べる。

6. オーブンの温度を180℃に下げて13〜15分焼く。

あとがき

A little something for you !

これ受け取って♪と英国の人はさらりと小さな贈り物をくれることがよくあります。

これに何度気持ちが明るくなったことか。

日本を離れ、初めて知る英国での生活が始まることになった1995年の、

緊張の連続の暮らしと子育て。

毎日を乗り越えるのに一生懸命でした。小さな三人娘たちも大きくなり、

楽しいことも涙もいっぱいだったのを思い出します。

その中でいつも感じていたのが、英国の人は、

プレゼントを贈ったり贈られたり、もてなしたりもてなされることが好きで上手だということ。

クリスマスカードにひと枝のヤドリギを添えてもらったことは忘れられません。

幸せをもたらすヤドリギをあなたに。

記憶に残る贈り物は、相手を想う気持ちの深さとそれを負担に思わせない

思慮深さがあってのものなのだと、英国の友人たちから学びました。

日々のキッチンで食事を作るだけではなく小さなお菓子を焼く。香りが広がる。

豊かな時間が流れる。丁寧にお茶を淹れてひとりの贅沢な時を過ごす。

そして時には、作ったお菓子で友人をもてなしてみる、友人に贈る。

そうすれば幸せな笑顔を見ることができるでしょう。

お菓子は思うより大きな力を持っています。

本書の小さなお菓子たちは、材料の量もほどよく作りやすく、

そして英国の味に仕上がります。おいしいお菓子を作って食べて楽しんでもらいたい、

この本がそのひと役を担えたら。

そして「英国が好き!」「新たな英国!」を知るきっかけになれば、うれしいかぎりです。

KADOKAWA編集部の橋本恵子さん、ライターの斯波朝子さん、

カメラマンの山本正樹さん、デザイナーの鳥沢智沙さん、

スタッフの皆さまには、大変お世話になりました。

ありがとうございました。

本書を手に取って頂いた方には、これから長くキッチンに置いて作ってもらえますよう。

おいしい楽しいお菓子の時間を♪

砂古玉緒

撮影／山本正樹

デザイン／鳥沢智沙 (sunshine bird graphic)

スタイリング／鈴木ちあき (p8〜9,12〜13,36,58〜60,68,70,77,94, 98,102,106)、編集部

調理アシスタント／山口博子、村山育子、永山直子、山田千秋

取材／斯波朝子 (オフィスCuddle)

撮影協力／砂古真弓 (p34,p96商品撮影)

写真提供 (英国)／砂古玉緒

[協力]

◎株式会社前田商店 ＊材料提供：薄力粉

　　オンラインショップ　https://lecker-lecker.jp/

◎オタフクソース株式会社 ＊材料提供：「デーツ なつめやしの実」

　　オタフク公式WEBサイト　https://www.otafuku.co.jp/

砂古玉緒（さこ・たまお）

英国菓子研究家、英国菓子教室「The British Pudding」主宰。
広島県生まれ、英国在住のべ10年。英国菓子の製作・指導、英国菓子にまつわる歴史や由来を研究。NHKの連続テレビ小説「マッサン」や、「グレーテルのかまど」での料理・菓子の製作監修、講演会など多方面で活躍中。2016年、日英で活躍する起業家に対して授与される「ブリティッシュ・ビジネスアワード」最優秀起業家賞受賞。著書に『お茶の時間のイギリス菓子 伝統の味、地方の味』、グルマン世界料理本大賞外国料理部門グランプリ受賞作『イギリスの家庭料理』（ともに世界文化社）などがある。

英国菓子教室 The British Pudding（大阪市住之江区）
https://britishpudding.com
Instagram：@tamaosako
Twitter：@tamaosako

食べきりサイズの英国菓子と
幸せスコーン

2023年5月 2 日　初版発行
2023年5月30日　再版発行

著者　　砂古玉緒

発行者　山下直久

発行　　株式会社KADOKAWA
　　　　〒102-8177　東京都千代田区富士見2-13-3
　　　　電話0570-002-301（ナビダイヤル）

印刷所　凸版印刷株式会社

製本所　凸版印刷株式会社

●お問い合わせ
https://www.kadokawa.co.jp/（「お問い合わせ」へお進みください）
※内容によっては、お答えできない場合があります。
※サポートは日本国内のみとさせていただきます。
※Japanese text only

定価はカバーに表示してあります。